Q&Aでわかる

Anti-Doping

# アンチ・ドーピングの基本

第一東京弁護士会 総合法律研究所
スポーツ法研究部会 編

同文舘出版

## はしがき

　昨今、ドーピングをめぐる報道が頻繁に行われています。それにもかかわらず、そもそもドーピングとは何であるか、あるいはドーピングをめぐる規制（アンチ・ドーピング）はどのようなものか、と問われて、ある程度の正確さをもって答えられる方は少ないのではないでしょうか。

　これは、アンチ・ドーピングをめぐる制度の難解さや複雑さが大きな要因としてあります。加えて、アンチ・ドーピングについてわかりやすく解説した書籍がないことも一因となっているように感じていました。

　そこで第一東京弁護士会 総合法律研究所 スポーツ法研究部会において、アスリートも含めた一般の方々に向けた、アンチ・ドーピングについての平易に解説した入門書を作ろうということになり、この書籍の出版企画がスタートしました。なお、当部会は、第一東京弁護士会のシンクタンクである総合法律研究所に所属する部会であり、伝統的にアンチ・ドーピングも含めたスポーツ法に関わる研究をしており、会員はすべて弁護士です。

　現在のアンチ・ドーピングの制度は、アスリートにとっていささか酷な制度であり、まだまだ未成熟だといえます。またアンチ・ドーピングも含めてスポーツにおけるインテグリティ（誠実さ、高潔さ）を追求し、スポーツ界のよりよい未来を実現するためには、アスリートのみならずスポーツ関係者、ひいては社会全体で議論して考えていく必要があるといえます。

　そのような議論の前提として、まずはアンチ・ドーピングを理解することが必要となるはずであり、そのために本書をぜひとも活用していただきたいと考えています。

第一東京弁護士会<br>
総合法律研究所 スポーツ法研究部会<br>
部会長　合田　雄治郎

# 目次

はじめに　　1

## 第1編　アンチ・ドーピングの歴史と規程

1　ドーピングの歴史 ——————————————————— 8
2　WADA、JADAって何ですか？ ——————————————— 10
3　アンチ・ドーピングに関するルールは
　　どうなっているのですか？ ————————————————— 12
4　JADA規程が適用されない団体では、どのような
　　アンチ・ドーピングのルールが設けられていますか？ ————— 14

　　**コラム** ドーピングは犯罪ですか？ ———————————————— 16

## 第2編　違反類型

1　典型的なアンチ・ドーピング規則違反は何ですか？ —————— 18
2　禁止表とは何ですか？ ——————————————————— 22
3　特定物質、非特定物質、汚染製品とは何ですか？ ——————— 24
4　検体採取の妨害とは何ですか？ ——————————————— 26
5　居場所情報関連義務違反とはどのようなものですか？ ————— 28
6　居場所情報の提出はどのように行いますか？（ADAMS） ——— 30

iii

7　①ドーピング検査を妨害することや
　　②禁止物質をもっていることは違反になりますか？ ——— 32
8　禁止物質を売却したり、他のアスリートに禁止物質を
　　投与したりすることもドーピング違反ですか？ ——— 34
9　アスリートが①違反行為に関与することや、
　　②資格停止期間中のコーチからアドバイスを受けることは、
　　アンチ・ドーピング規則違反になるのですか？ ——— 36

　　　コラム　メカニカルドーピング？ ——— 38

## 第3編　検査の手続き

1　ドーピング検査は、いつ、どこで行われますか？ ——— 40
2　ドーピング検査にはどのようなものがありますか？ ——— 42
3　尿検査の流れを教えてください ——— 44
4　血液検査の流れを教えてください ——— 48
5　アスリート・バイオロジカル・パスポートとは何ですか？ ——— 52
6　分析機関における分析とはどのようなものですか？ ——— 54
7　分析結果で違反が疑われる場合、
　　どのような手続きが行われますか？ ——— 56
8　暫定的資格停止とはどのような制度ですか？ ——— 58

　　　コラム　ドーピングを認めた方がよいですか？ ——— 60

## 第4編　アスリートが気をつけるべきこと

1　TUEって何ですか？ ——— 62
2　誰に聞けば薬による規則違反を避けられますか？ ——— 64

| | | |
|---|---|---|
| 3 | サプリメントを服用したいのですが | 66 |
| 4 | 食品は、大丈夫ですか？ | 68 |
| 5 | 薬、サプリメント、食品…もう大丈夫ですか？ | 70 |
| 6 | 未成年のアスリートの場合の特別な措置を教えてください | 72 |
| | コラム　資格停止期間中は何をしてはいけないのか？ | 74 |

## 第5編　処分決定に至る手続き

| | | |
|---|---|---|
| 1 | 違反したかどうかは、誰がどうやって決めるのですか？ | 76 |
| 2 | アンチ・ドーピング規律パネルは、どのような人が担当しますか？ | 78 |
| 3 | アスリートが、違反がなかったことを証明しなければなりませんか？ | 80 |
| 4 | アンチ・ドーピング規則違反行為に対する制裁はどのようなものがありますか？　その1（記録の失効） | 82 |
| 5 | アンチ・ドーピング規則違反に対する制裁にはどのようなものがありますか？　その2（資格停止、資格停止期間の開始） | 84 |
| 6 | 資格停止期間は減ったり増えたりするのですか？ | 86 |
| 7 | 「意図的」とは何ですか？ | 88 |
| 8 | 「意図的」でないと認められるのはどのような場合ですか？ | 90 |
| 9 | 「過誤又は過失がないこと」、「重大な過誤又は過失がないこと」とは何ですか？また、どのような場合に認められますか？ | 92 |
| 10 | 「体内に侵入した経路の立証」とは何ですか？ | 96 |
| 11 | 「体内に侵入した経路の立証」が成功したとされるのはどのような場合ですか？ | 98 |
| 12 | 日本では、実際にどのような処分がなされ、どのように公表されていますか？ | 100 |

13 アンチ・ドーピング規律パネルの決定に対して、
　　不服申立てはできますか？ ─────────── 102
14 JSAA とはどのような組織ですか？ ────────── 104

　　**コラム** アンチ・ドーピング規則違反に対応するための費用 ── 106

## 第6編　事例の解説

1 自分が対象者とは知らずに ─────────────── 108
2 どのようにして禁止物質が体内に入ったのか ─────── 112
3 医師に投与された薬により違反に問われたケース ───── 118

　　**コラム** ドーピング紛争に関するスポーツ仲裁事例の紹介 ─── 122

## 第7編　アンチ・ドーピングの動向

1 世界では、どのような処分がなされていますか？　その1 ── 124
2 世界では、どのような処分がなされていますか？　その2 ── 126
3 アンチ・ドーピングに関する世の中の動きはどうなって
　　いますか？　その1（コードおよび禁止表の改定） ────── 128
4 アンチ・ドーピングに関する世の中の動きはどうなって
　　いますか？　その2（インテリジェンス、刑事罰化） ───── 130
5 2018年4月1日から発効する「コード・コンプライアンス」
　　に関する国際基準とは何ですか？ ─────────── 132

【巻末資料】規律パネル決定一覧　　135

Q&Aでわかる
# アンチ・ドーピングの基本

# はじめに

## 1 何をやってはいけないのか、知っていますか？

　この本を手にとっていただける方は、スポーツに一定程度の関与、関心があり、何らかの理由でアンチ・ドーピングに関する知識を必要としている方と思います。

　日々スポーツに関する報道に触れていると、ドーピングに関する話題を避けることはできないことにお気づきでしょう。どのような報道でも、ドーピングをやって褒められていることはおよそないと思います。ドーピングをしてはならない、ということは、スポーツの世界において共通の理解になっています。

　ただ、具体的に、何をやってはいけないのか、アンチ・ドーピング規則違反にならないために何をすべきかについて正しく理解している方は、決して多くないのではないでしょうか。

## 2 禁止物質が出ればアウト、知っていますか？

　ドーピングと聞いて、あなたは何をイメージされるでしょうか。

　筋肉を増強させる、臓器の機能を向上させる、脳を覚醒させる、さまざまな薬物を取り込むことがドーピングだ、といったことをイメージされているかもしれません。そんなこと、わざとやるわけがないし、自分は無関係だと思われているアスリートが多いと思います。

　しかし、アンチ・ドーピング規則違反として処分される典型例は、禁止された物質や、体内の化学変化によって禁止された物質から生成された物質（以下「禁止物質等」）が、採取された尿や血液からみつかることなのです。

この説明を聞いてもまだ、わざとやらなければ尿や血液にそんな物質が出るわけがないではないか、と思われている方も多いかもしれません。
　実際に起こった以下の例をご覧ください。

禁止物質が尿から検出されてしまいました。調査の結果、使っていたサプリメントに原因があることがわかりましたが、そのサプリメントには、「禁止された物質は入っていない」と書いてあります。それでもアンチ・ドーピング規則違反になるのですか？

　わざとドーピングをしようとしたわけではないし、サプリメントの説明を信じたのだから、責められることはないと思われる方も多いと思います。しかし、原因となったサプリメントにいかなる説明が記載されていたとしても、禁止された物質が、採取された尿や血液からみつかるかぎり、アンチ・ドーピング規則違反となります。アスリートは、落ち度がなくても責任を負わなければならないのです（「厳格責任」といいます）。

食品にも、禁止された物質が含まれていることがあると聞きました。食事が原因で、禁止物質が尿や血液から検出された場合も、本当にアンチ・ドーピング規則違反になるのですか？

　仮に、食品に、禁止された物質が含まれるとすれば、アスリートは普通に食事をすることもできないのではないか、という声も十分に理解できます。しかし、食品が原因であったとしても、禁止された物質が、採取された尿や血液からみつかったことには変わりがありません。そのため、上記の場合にもまた、アンチ・ドーピング規則違反となります。

はじめに

> 尿から、瞬間的な集中力を高める興奮剤が検出されました。持久力系の私の競技では、興奮剤を使っても何の役にも立ちませんが、禁止物質であれば、アンチ・ドーピング規則違反になるのですか？

　禁止された物質がアスリートの競技力の向上につながらないから許される、そう思う方もいるかもしれません。しかし、競技力の向上につながらなくとも、禁止された物質に定められている以上、アンチ・ドーピング規則違反となります。

> 試合前日に体調を崩し、病院で処方された薬を飲んだら、どうやら禁止された物質が含まれていたようです。医師には、自分が明日ドーピング検査を受けるかもしれないという話をしたのですが……

　医師にわざわざドーピング検査を受けるかもしれないと伝えているのだから、それでもアスリートがアンチ・ドーピング規則違反になるなんて信じられないと思う方もいるでしょう。しかし、禁止された物質が、採取された尿や血液からみつかったことには変わりがありません。そのため、上記の場合にもまた、アンチ・ドーピング規則違反となります。

> 自分の飲み物に、他のアスリートから禁止された物質を混ぜられました。そのアスリートは、アンチ・ドーピング規則違反として処分されましたが、被害者の私は、アンチ・ドーピング規則違反にならないですよね？

アスリートが、他のアスリートに対し、禁止された物質を投与したことは、アンチ・ドーピング規則違反となります。他のアスリートに不利益を与えようとすることは、スポーツの精神に反するものでもあり、この点皆さんも納得するでしょう。

　では、他人に禁止された物質を投与されたアスリートはどうでしょうか。自ら何か競技力の向上等を目的に物質を摂取したわけではないですし、そもそも物質を摂取したこと自体知りません。他人に禁止された物質を投与されたアスリートがアンチ・ドーピング規則違反に問われ不利益を被るなんておかしい、と思われる方が多いと思います。

　しかし、禁止された物質が、採取された尿や血液からみつかったことには変わりがありません。そのため、上記の場合、禁止された物質を他のアスリートに投与したアスリートだけでなく、他人に禁止された物質を投与されたアスリートもまた、アンチ・ドーピング規則違反となります。

　どうやって禁止された物質が体内に入ったか、まったく覚えがなくても、アンチ・ドーピング規則違反になるのです。

　自分が一生懸命アンチ・ドーピング規則違反にならないように努力したとしても、アンチ・ドーピング規則違反となる可能性がある点で、アスリートの負担は相当重いものになっているのです。

## **3** そんなことも禁止されているの？

　アンチ・ドーピング規則違反の典型例は、これまで述べてきたように、禁止された物質が、採取された尿や血液からみつかることです。では、禁止された物質が、採取された尿や血液からみつからなければ、アンチ・ドーピング規則違反にはならないのでしょうか。

　残念ながら、そういうわけにはいきません。アンチ・ドーピング規則違反となる行為には10の類型があり、これまで説明した禁止された物質が、採取された尿や血液からみつかることはその1つにすぎません。アンチ・ドーピング規則違反となる範囲は非常に広くなっています。

たとえば、ドーピング検査の対象となったとの通告を受けたのに、検査を受けなければ、禁止された物質を摂取していなくても、アンチ・ドーピング規則違反となります。

　また、一部のトップアスリート等は、自分がどこにいるのかを事前に提出し、かつ毎日、ドーピング検査を受けることができる時間（1日につき60分）を指定しなければならないのです。もし、この義務について、12カ月の間に累積して3回の違反があれば、これもアンチ・ドーピング規則違反となるのです。通常、家族でもない人に毎日どこにいるかを報告することなどないですし、この負担は非常に重いものです。

　歴史的に、禁止された行為が増えてきた経緯からすれば、アンチ・ドーピング規則上禁止される行為が、これからさらに増えていく可能性も十分にあります。これから説明するように、処分の重さなどを考慮に入れれば、何が禁止されているかも、十分に理解しておく必要が高いといえます。

## 4　「知らなかった」では済まされない

　ここまで説明してきたことは、アンチ・ドーピングに関するほんの一部です。

　アンチ・ドーピング規則違反に問われ、辛い時間を過ごしたアスリートを何人もみてきました。正しい知識を持ちあわせていなかったがために、ドーピング違反に問われ処分されるアスリートスポーツ関係者を少しでも減らしたい、というのがわれわれの願いでもあります。

　この本には、アスリートやスポーツ関係者に知っておいてほしいこと、「知らなかった」では済まされないこと、アンチ・ドーピングの基本的な事項を詰め込みました。私たちは、すべてのアスリートやスポーツ関係者が、アンチ・ドーピングについて理解し、行動することを願って、この本を世に送り出したいと思います。

# 第 1 編

# アンチ・ドーピングの歴史と規程

# 1 ドーピングの歴史

## 1 ドーピングの語源

ドーピングという言葉は、アフリカ南部の原住民が儀式や戦いへ出陣するときに飲んだ「dop」というお酒が語源だといわれています。

パフォーマンスを向上させるために薬物を使用するという意味で「ドーピング」という言葉が使用されるようになったのは、19世紀のアメリカにおいてです。当初は、競走馬に薬物を投与して能力を高めるという意味で使用されていました。

## 2 ドーピング規制の背景

スポーツ界でドーピングが行われるようになったのは、19世紀後半、スポーツが盛んになったころからで、それまで競走馬で行っていたモルヒネ等の薬物をアスリート自身が使用するようになったことで、スポーツ界においてドーピングがはじまったといわれています。

ドーピングの最古の記録としては、1865年のアムステルダム運河水泳競技大会で、アンフェタミンという覚せい剤を使用したという記録があるようです。その後、世界中で徐々にドーピングの動きが広がっていき、19世紀後半の自転車競技の大会において、興奮作用のある薬物を過剰摂取したアスリートが競技中に死亡するという事故が発生しました。これが、ドーピングの副作用による最初の死亡事故といわれています。

そして、1960年のローマ五輪においても、自転車競技のアスリートが興奮薬を乱用し、競技中に死亡した事故が発生しました。

以上の事故等を受けて、1966年には、自転車競技とサッカーの世界大会において、初めてドーピング検査が行われました。

五輪では、1968年に開催されたグルノーブル冬季五輪、メキシコシティー夏季五輪で初めてドーピング検査が行われました。当初は興奮薬や麻薬など、約30種類の薬物のみが検査の対象でした。その後、有効な検出手段の開発にともない、1976年のモントリオール五輪から、蛋白同化ステロイド（筋力増加作用がある物質）の検査が実施されるようになり、1986年になると、抜き打ち検査（競技会外検査）も開始されました。

## 3 アンチ・ドーピング規則違反の歴史の概観

　1972年のミュンヘン五輪で、水泳400m自由形のリック・デモントがエフェドリンという禁止物質が検出されて、金メダルがはく奪されました。これが、五輪で金メダルをはく奪された最初のアスリートといわれています。

　1988年のソウル五輪の陸上男子100mでは、世界新記録でゴールしたベン・ジョンソンが、蛋白同化ステロイド使用で失格となり、カール・ルイスが繰り上げ金メダルとなりました。

　近年では、ロシアで、2014年ソチ五輪で組織的なドーピング違反が行われていたことが発覚し、大きな問題となっています。

| 年 | 出来事 |
|---|---|
| 1865 | アムステルダム運河水泳競技大会でドーピングが行われる（世界最古のドーピングの記録） |
| 1886 | 自転車競技のアスリートが死亡事故（ドーピングによる最初の死亡事故） |
| 1960 | ローマ五輪において、自転車競技のアスリートの死亡事故が発生 |
| 1966 | 自転車競技とサッカーの世界大会でドーピング検査を実施 |
| 1967 | IOCが禁止物質のリストを制定 |
| 1968 | グルノーブル冬季五輪、メキシコシティ夏季五輪でドーピング検査を実施（五輪での初のドーピング検査） |
| 1972 | ミュンヘン五輪において、水泳のリック・デモント選手が金メダルはく奪 |
| 1976 | モントリオール五輪で蛋白同化ステロイドの検査を実施 |
| 1986 | 抜き打ち（競技会外）検査を開始 |
| 1988 | ソウル五輪でベン・ジョンソン選手が世界新記録でゴールするも失格 |
| 2014 | ソチ五輪でロシアが国家ぐるみドーピングを行っていたことが発覚 |

# 2 WADA、JADAって何ですか?

## 1 WADAとは?

　WADAとは、World Anti-Doping Agency（世界アンチ・ドーピング機構）の略称で、世界各国におけるドーピングの根絶と公正なドーピング防止活動の促進を目的として設立された国際的な機関です。

　現在、世界のアンチ・ドーピング活動は、WADAが中心的な役割を担っており、国際的なドーピング検査基準の統一やドーピング違反に対する制裁手続の統一等を行っています。

## 2 WADA設立の経緯

　1960年ごろから、いくつかの競技においてドーピング検査がはじまり、その後、国際オリンピック委員会（IOC）が、禁止物質リストを作成するなど、アンチ・ドーピングについての活動を主導するようになりました。

　そのような中、1998年夏のツール・ド・フランスにおいて、大規模なドーピング事件が起きたことなどをきっかけとして、1999年2月にアンチ・ドーピングに関する国際会議が行われ、同年11月10日にWADAが設立されました。

　当初はアンチ・ドーピングの国際的、競技横断的な統一規程はありませんでしたが、2003年3月にWADAが策定したWorld Anti-Doping Code（WADA規程）がIOCにおいて採択されました。その後、2005年、ユネスコ総会において、スポーツにおけるドーピング防止に関する国際規約が採択されています。

　WADAは、IOCや国際競技連盟（IF）などのスポーツ関係だけでは

なく、各国政府や公的機関とも協力しながら、ドーピング違反の監視や、教育、啓蒙活動をはじめとした活動を行っています。

日本は、WADAにおいて、アジア地域の常任理事国となっています。

## 3 JADAとは？

JADAとは、Japan Anti-Doping Agencyの略称で、正式名称を公益財団法人日本アンチ・ドーピング機構といい、WADA設立の2年後の2001年に、日本におけるアンチ・ドーピング活動を推進、展開する機関（国内アンチ・ドーピング機関）として設立されました。

JADAは、世界アンチ・ドーピング・プログラムを推進するため、日本で適用される規程である日本アンチ・ドーピング規程（JADA規程）を策定しています。JADAは、国内アンチ・ドーピング機関として、ドーピング検査から、アスリートに制裁措置を加える役割も果たします。

WADAとJADAはドーピング防止活動において、協力関係にありますが、それぞれ独立した機関であり、JADAがWADAの下部組織という関係にはありません。

JADAに相当する機関は各国にあり、アメリカにはUSADA（U.S. Anti-Doping Agency）、イギリスにはUKAD（UK Anti-Doping）などがあります。

|  |  |
|---|---|
| 1967年 | IOCが禁止物質リストを作成 |
| 1976年 | 蛋白同化ステロイドを禁止物質に加える |
| 1999年 | WADA設立 |
| 2000年 | シドニー五輪において血液検査実施 |
| 2001年 | JADA設立 |
| 2003年 | WADA規程策定 |
| 2003年 | 遺伝子ドーピングを禁止方法に加える |
| 2004年 | 上記規程発効 |
| 2005年 | ユネスコ「スポーツにおけるドーピング防止国際規約」採択 |
| 2006年 | 日本が上記国際規約締結 |
| 2007年 | 上記規程発行、JADA規程策定 |
| 2009年 | 改訂WADA規程発効 |
| 2011年 | 「スポーツ基本法」制定 |

# 第1編 3 アンチ・ドーピングに関するルールはどうなっているのですか？

## 1 JADA規程によるルール化

　日本におけるアンチ・ドーピングに関するルールは、日本アンチ・ドーピング機構（JADA）によって策定された「JADA規程」によって定められています。JADA規程は、JADAのウェブサイトで簡単にみることができます。スポーツに関わる読者の皆さんも、雰囲気を感じるだけでもよいので一度みてみることをおすすめします。

　JADA規程では、①アンチ・ドーピングの規則違反になる行為は何なのか、②違反の摘発のためにどのような手続が行われるのか、③違反の結果としてどのような制裁を受けることになるのか、④違反の有無や制裁の判断のためにどのような手続があるのかなど、アンチ・ドーピング活動に関する重要な事項について定められています。

　なお、JADA規程の根幹部分は、世界アンチ・ドーピング規程（WADA規程）とほぼ同じものです。アンチ・ドーピングに関するルー

© JADA
出所：「日本アンチ・ドーピング規程」（2015年1月1日発効）
　　　JADAウェブサイトより引用

ルは、世界中で共通のものだと考えてよいでしょう。

## 2 ルールの変更

　アンチ・ドーピングに関するルール（JADA 規程や WADA 規程）はいつまでも同じ内容なのでしょうか。

　WADA 規程や、WADA 規程と連動して改定される JADA 規程は、ドーピングの最新動向を反映して、数年に 1 回の改定が行われています。とくに、アンチ・ドーピング規則違反になる物質の使用や方法を具体的に列挙している「禁止表」（詳しくは第 2 編 2 を参照してください）については、急速に進展するドーピングの最新動向を迅速に反映するべく、毎年改定が行われています。

　こうしたルールの改定は、スポーツに関わる読者の皆さんにとって非常に重要です。どのような行為や物質などがルール違反になるのか、ルールの改定にはとくに注意しておく必要があります。

## 3 ルールを守るべき人

　日本におけるアンチ・ドーピングに関するルールである JADA 規程では、どのような人が対象となっているでしょうか。

　JADA 規程では、ルールが誰に適用されるのかも定められています。条文の細かい点についてはここでは触れませんが、トップアスリートから一般的なアスリート、周囲のサポートスタッフなども広く対象になります。また、年齢や国籍・居住地なども問いません。すなわち、スポーツに関わる非常に多くの人が JADA 規程の適用を受けます。アンチ・ドーピングに関するルールは、スポーツに関わる読者の皆さんにとって、他人事ではないのです。

【参照 JADA 規程】1.1、1.2、1.3、1.4、1.5

## 第1編 4 JADA規程が適用されない団体では、どのようなアンチ・ドーピングのルールが設けられていますか?

## 1 JADA規程が各団体において適用される根拠

　JADA規程が適用される団体は、JADA規程を受諾し、団体の規約や規則等の中に、JADA規程の内容を直接盛り込むか、引用することにより組み込んだ国内競技団体です。

　したがって、JADA規程を自己の規則等に組み込んでいない国内競技連盟や、国内競技連盟に属さない独自の団体には、JADA規程は適用されません。しかし、これらの団体であっても、アンチ・ドーピングに関するルールが存在しないわけではありません。

## 2 独自の規程を設けている例

　以下に述べるように、プロスポーツを中心として、各団体において、独自の規程を設けている例があります。

〈 独自の規程の例 〉

| 団体名 | 統括競技 | 規程名／特徴 |
| --- | --- | --- |
| （一社）日本野球機構 | プロ野球 | アンチ・ドーピング規則<br>アンチ・ドーピング委員会による処分がなされる<br>処分事案5例あり（2018年8月まで） |
| （一社）日本女子プロゴルフ協会 | 女子プロゴルフ | LPGAドーピング防止規程<br>（公財）日本スポーツ仲裁機構への不服申し立てが可能 |
| （一社）日本ゴルフツアー機構 | 男子プロゴルフ | アンチ・ドーピング規則違反となった場合におけるアスリートの地位等に関するJGTO決定等<br>賞金、ランキングシードの取り扱いに関する規定がある |

独自の規程が設けられている場合であっても、WADA規程に定められた禁止行為や禁止表を準用していることが多くあります。そのため、次編以下で解説する事項の多くは、独自の規程の解釈にあたっても重要なものとなります。

　他方、独自の規程では、JADA規程に定められた検査手続きの一部がないなどの場合があります。また、日本アンチ・ドーピング規律パネル（第5編1、2参照）が処分を決定するのではなく、団体が独自に設けた組織において処分を決定することが多くあります。たとえば、過去（2018年8月までに）5例、アンチ・ドーピング規則違反に対する制裁を実施してきた日本プロ野球機構の場合、同法人内に設けられたアンチ・ドーピング調査裁定委員会が処分を決定しています。

　なお、日本相撲協会のように、明確にアンチ・ドーピングの規程が存在せず、かつJADA規程を自己の規則等に組み込んでいない団体もあります。

　さらに注意しなければならない点として、日頃は独自の規程を設ける団体に所属して、独自の規程が適用される人であっても、同一の競技に関して、別の競技団体が主催する競技大会等に出場する場合、JADA規程が適用されていることがあるということです。たとえば、通常は団体独自の規程の適用を受けるプロゴルフ選手がJADA規程を規則等に組み込んでいる日本ゴルフ協会の主催する大会に出場する場合、JADA規程の適用を受けることになります。

ドーピングは犯罪ですか？

　犯罪とは何かということについて、「刑罰を科せられるべき行為をいう。社会生活上有害な行為には無数の種類のものがあるが、そのすべてが犯罪とされるのではなく、そのうち有害の度合いが重大で、立法により刑罰という強い手段に訴える必要があると宣言された行為だけが犯罪となる。」（「日本大百科全書（ニッポニカ）」小学館より）という説明があります。つまり、どのような行為が犯罪となるかは、有害性の程度や、刑罰を科す必要性についての価値観の表れですから、時代や国によって異なることは当然です。

　ドーピングも、スポーツにおける倫理に反する有害な行為であることは間違いありませんが、刑罰を科す必要まであるかといわれると意見が異なるところでしょう。近年はスポーツのインテグリティ（誠実性）が強調されてきていますから、ドーピングを犯罪とするべきという考え方も強くなっているかもしれません。しかし、世界ではイタリアやフランスのようにドーピングが犯罪とされている国もあれば、日本やアメリカのように犯罪とはされていない国もあり、必ずしもどちらが主流ともいえない状態と思われます。

　ドーピングが犯罪とされている国であれば、警察のような捜査機関が強制力をもって捜査することも可能ですが、犯罪とされていない国では基本的には強制捜査ができないので、調査には限界があるのが実情です。その点、イギリスやオーストラリアなどでは、犯罪とはされていないものの行政機関等が一定の権限をもって調査できる制度を設けています。

　スポーツの健全な発展のためには、ドーピングに対して厳しく対処し、これを排除していく必要があることは間違いありません。現在の日本ではドーピングは犯罪とされていませんが、これを犯罪化して刑罰を科すことに異論があるとしても、今後は調査が十分にできないという理由でアンチ・ドーピングの排除が疎かになることのないような、しっかりした制度づくりが求められます。

# 違反類型

# 第2編

## 1 典型的なアンチ・ドーピング規則違反は何ですか？

### 1 禁止物質、その代謝物またはマーカーの存在（JADA規程2.1）

**(1) アンチ・ドーピング規則違反の典型**

ドーピング検査においてアスリートから採取した尿や血液を、「検体」といいます。その検体に禁止物質、その代謝物、またはマーカー（以下、あわせて「禁止物質等」）が存在した場合、そのアスリートは規則違反となります（JADA規程2.1）。JADA規程2.1違反は、規則違反の中でもっとも典型的な類型であり、これまでに確認されている規則違反事例のほとんどは、このJADA規程2.1違反に関するものです（第5編12も参照）。

「禁止物質」とは、「禁止表に記載された物質又は物質の分類」をいい、たとえば、蛋白同化ステロイドなどがこれにあたります。「禁止表」とは、WADAが毎年更新している「禁止表国際基準」のことを指し、この表に禁止物質の一覧が記載されています。

したがって、たとえば、アスリートの尿や血液から禁止表に記載された蛋白同化ステロイドが検出された場合には、そのアスリートはJADA規程2.1によって規則違反となります。

「代謝物」とは、「生体内変化の過程により生成された物質」をいい、「禁止表国際基準」には、この代謝物の例も記載されています。「マーカー」とは、「化合物、化合物の集合体又は生物学的変数であって、禁止物質又は禁止方法の使用を示すもの」をいいます。いずれも禁止物質の存在を裏づけるものです。

（2）厳格責任

　禁止物質等がアスリートの検体に存在すれば、アスリートに禁止物質の意図的な摂取があったか否か、あるいは、アスリートに落ち度（過誤または過失）があったか否かにかかわらず、そのアスリートはJADA規程2.1に基づく規則違反となります。

　このようにアンチ・ドーピング規則違反の責任は、アスリートに摂取の意図や落ち度がなかったとしても違反が認められてしまう、きわめて厳しい責任であることから、「厳格責任」であると呼ばれています（アスリート側の意図や落ち度の有無が処分内容にどのような影響を及ぼすかについては、第5編7〜11参照）。この点は、アンチ・ドーピングに関するルールにおいて非常に特徴的な点であるとともに、アスリートが知っておかなくてはならない点であるといえます。

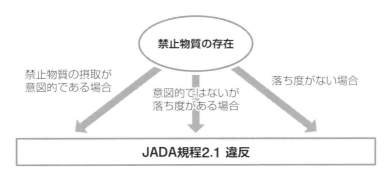

（3）違反となる禁止物質等の量

　JADA規程2.1違反は、原則として、検出された禁止物質等の量にかかわらず成立します。アスリートの検体からわずか少量でも禁止物質等

が検出されれば、規則違反になるということです。これは、禁止物質の摂取自体を禁止する以上、検出された量によって規則違反か否かの結論が影響を受けるべきではない、という考えによるものと思われます。

　もっとも、禁止表に量的閾値（反応を引き起こすのに必要な最小の値）が明記されている物質については、例外的に、検出された禁止物質の量がその閾値に達する場合にかぎり、違反が成立します。

## 2 禁止物質、禁止方法を使用すること又はその使用を企てること（JADA規程2.2）

### (1) JADA規程2.2の内容

　アスリートが禁止物質又は禁止方法を使用した場合や使用を企てた場合には、規則違反が成立します（JADA規程2.2）。

　したがって、禁止物質や禁止方法を「使用した」ことや、「使用を企てた」ことが認められる場合には、仮にアスリートの検体に禁止物質等が存在しなかったとしても、規則違反が成立することになります。

　「禁止方法」とは、「禁止表に記載された方法」をいいます。WADAが定める2018年度版の「禁止表国際基準」では、「血液および血液成分の操作」、「化学的および物理的操作」および「遺伝子ドーピング」（遺伝子治療法を応用して競技力向上を図ること）が禁止方法としてあげられています。

### (2) 禁止物質や禁止方法を「使用した」こと

　JADA規程2.1違反の証明の場合と同じく、禁止物質や禁止方法を「使用した」ことの証明には、アスリートに落ち度があったことの証明が必要ありません。

　したがって、たとえば、仮にアスリートの検体に禁止物質等が存在しなかったとしても、証人の証言などによって、アスリートが禁止物質を使用したことがJADAによって証明されれば、アスリートによる禁止物

質の意図的な摂取があったか否か、あるいは、アスリートに落ち度があったか否かにかかわらず規則違反は成立します。

## (3) 禁止物質や禁止方法の「使用を企てた」こと

禁止物質や禁止方法を「使用を企てた」ことの証明には、アスリートがその使用を意図的に企てたことが証明されれば足り、その企てが実際に成功したか否かは、JADA規程2.2の規則違反の成否に影響を及ぼしません。この点について、アスリートは十分に留意する必要があります。

したがって、たとえば、アスリートが、医師に対して、意図的に、蛋白同化ステロイドの処方を依頼したり、血液成分の操作を依頼したりした場合には、（実際には蛋白同化ステロイドの処方や血液成分の操作が行われなかった場合であっても、）医師の証言やカルテ、処方箋によって、依頼をしたことが証明されれば、規則違反が成立します。

【参照JADA規程】2.1、2.2

# 第2編　2　禁止表とは何ですか？

## 1 禁止表とは

　禁止表とは、正式には「世界アンチ・ドーピング規程　禁止表国際基準」といい、どのような物質または物質の分類が禁止物質とされるか、どのような方法が禁止方法とされるかを特定した表です。WADA が定め、日本においては JADA がこの和訳を公開しています。

## 2 禁止表に掲げられる基準

　禁止物質や禁止方法が禁止表に掲げられる際の判断基準は、大きく 2 つに分かれます。

　1 つ目は、物質または方法が、①競技力を向上させる可能性等がある、②アスリートに健康上の危険性を及ぼす可能性等がある、③スポーツの精神に反するという 3 つの要件のうち 2 つ以上を満たす場合です。たとえば、ステロイドがこれに該当します。

　2 つ目は、隠蔽に用いられる可能性等がある場合です。たとえば、利尿薬がこれに該当します。

　禁止表に禁止物質と禁止方法を掲げた WADA の判断については、アスリート側は異議を唱えることはできません。WADA は、少なくとも年 1 回の頻度で禁止表を国際基準として更新します。WADA が公表した禁止表やその改定は、禁止表やその改定に定めのないかぎり、WADA が公表した 3 カ月後（実務上は 1 月 1 日となることが多い）に、JADA 規程のもとにおいても有効となります。

　アスリートはもちろん、アスリート以外の人も、禁止表およびその改定事項の効力発生日以降、禁止表およびその改定事項に拘束され、最新

版の禁止表とその改定事項について認識しておく責任を負っています。なお、最新版の禁止表の翻訳をJADAのウェブサイトで確認、入手することができます。

　実際に、アスリートがたまたま新たな禁止表の確認をしなかった年に、以前から使用してきた物質が新たに禁止物質として扱われることになり、この物質が検出されて陽性反応となったことを理由にアンチ・ドーピング規則違反になったという例が存在します。

# 3 専門家の支援の必要性

　禁止表は、その内容が高度に専門的なものです。また、「以下の物質があるが、これらに限定するものではない」とされているものも多く、アスリートおよびその他の人が、禁止物質・禁止方法にあたるかを判断することは困難です。例として、2018年版の禁止表の一部を抜粋します。

禁止表は
とても難しい

**S5.利尿薬及び隠蔽薬**

以下の利尿薬と隠蔽薬、および類似の化学構造又は類似の生物学的効果を有するものは禁止される。

**以下の物質が禁止されるが、これらに限定するものではない：**

- デスモプレシン；プロベネシド；血漿増量物質［アルブミン、デキストラン、ヒドロキシエチルデンプン、マンニトールのいずれも静脈内投与　等］；
- アセタゾラミド；アミロリド；ブメタニド；カンレノン；クロルタリドン；エタクリン酸；フロセミド；インダパミド；メトラゾン；スピロノラクトン；チアジト類［ベンドロフルメチアジド、クロロチアジド、ヒドロクロロチアジド　等］；トリアムテレン、バプタン類、［トルバプタン　等］

**但し以下のものは除く：**

- ドロスピレノン；パマブロム；および眼科用に使用される炭酸脱水酵素阻害薬［ドルゾラミド、ブリンゾラミド　等］；

…
…

　そこで、公認スポーツファーマシスト等の専門家からの支援を受けることが必要になります（この点については、第4編2参照）。

【参照JADA規程】4.1、4.2、4.3

# 3 特定物質、非特定物質、汚染製品とは何ですか?

## 1 特定物質、非特定物質とは

　禁止表に掲げられた禁止物質には、「特定物質」と「非特定物質」という区別があります。特定物質とは、不注意でアンチ・ドーピング規則違反になりやすい（「うっかりドーピング」と呼んだりもします）薬物や比較的乱用されることの少ない薬物をいいます。非特定物質は、特定物質以外の薬物です。

　このような区別をする理由は、競技力向上以外の目的で摂取される可能性の高低（大まかにいえば、特定物質は可能性が高く、非特定物質は低い、という関係になります）により、制裁措置の軽重が変わってくるためです。なお、この区別は、禁止物質における区別であり、禁止方法とは無関係です。2018年版の禁止表をもとに、次のように整理できます。

| 禁止表 | | |
|---|---|---|
| 禁止物質 | | 禁止方法 |
| ●特定物質（競技力向上以外の目的で摂取されてしまう可能性が高いもの）<br>　●禁止物質のうち、非特定物質とされたもの以外すべて<br><br>●非特定物質（特定物質以外の禁止物質）<br>　●S1.蛋白同化薬<br>　●S2.ペプチドホルモン、成長因子、関連物質および模倣物質<br>　●S4.ホルモン調節薬および代謝調節薬のうち、S4.4及びS4.5<br>　●S6.興奮薬のうち、S6.a | M1 | 血液および血液成分の操作 |
| | M2 | 科学的および物理的操作 |
| | M3 | 遺伝子ドーピング |

非特定物質の場合には、資格停止期間が原則として4年間になります。これに対し、特定物質の場合には、資格停止期間が原則として2年間になります。詳しくは、第5編も参照してください。

## 2 汚染製品とは

「汚染製品」という言葉からは、製品を手にとった時に禁止物質が含まれていることがわかる製品ではないかと考える方も多いかもしれません。

しかし、汚染製品とは、製品のラベルをみても、インターネットで検索をしても、禁止物質が含まれていることがわからない製品をいいます。たとえば、製品のラベルに禁止物質の別名が書かれている場合や、インターネットで調べたらアンチ・ドーピング規則違反になった事例が出てくるような場合は汚染製品に該当しないことになります。

汚染製品については、重大な落ち度（過誤または過失）がない場合に、検出された禁止物質が汚染製品によるものであることを証明できれば制裁措置の軽減を受けられます。

摂取した製品をすべてドーピング・コントロール・フォーム（ドーピング検査公式記録書）に申告することは、意図的でないことを立証する際の重要な事情になる、体内侵入経路を事後的に明らかにする際の手がかりになるなどの多くのメリットがあります。これに加えて、汚染製品については、汚染されていると後に判断された製品をアスリートがドーピング・コントロール・フォームに申告していれば、重大な過誤または過失がないことという要件との関係で、アスリートに有利な事情となります。重大な過誤または過失については、第5編を参照してください。

【参照JADA規程】付属文書1 定義「汚染製品」、「特定物質」、4.2.2、10.5

# 4 検体採取の妨害とは何ですか?

## 1 検査の拒否や回避

　ドーピング検査の対象となったとの通告を受けたのに、やむを得ない理由もなく、検体の採取を拒否した場合(検査拒否)や、ドーピング検査員(DCOやシャペロン;第3編3参照)を意図的に避けるなど、通告や検体の採取を回避した場合(検査回避)、規則違反とされます(JADA規程2.3)。

　これらの違反に該当すると、原則として4年間の資格停止の制裁が課されます。

## 2 問題となる場合

　本違反に関して、「通告を受けた」といえるかどうかが問題となる場合があります。

　通告の仕方については、「検査に関する国際基準」というものに定められていますが(詳細は第3編3、4)、個別のケースにおいて、たとえばアスリートが通告に気づかなかったような場合に、果たして通告がされたといえるのかどうかが問題になります。

　これが実際に問題となったのが、第6編1で詳しく解説されている、自転車競技のケースです。このケースでは、自分が検査対象であることを認識しないまま競技途中に帰宅してしまったアスリートについて、詳細に事実を認定・検討したうえで、有効な通告がなされたとはいえないとの結論になりました。

　また、「やむを得ない理由」の有無が争われることもあります。たとえば、アスリートが通告を受け、アスリートもそのことがわかっていたの

に、何らかの事情があって検査を受けないまま帰ってしまったような場合です。ただ、実際に「やむを得ない理由」が認められるのは容易ではありません。

　たとえば、アスリートが検査対象となり採尿を試みたものの、うまく採尿できないまま、帰りの飛行機に間に合わなくなるとの理由で競技会場を離れてしまったケースがあります。しかしこのような事情で検体採取不実施を認めると容易に検査回避が可能となり、ドーピング防止規制の趣旨を没却する結果になるなどとして、「やむを得ない理由」にはあたらないと判断されました（規律パネル決定 2012-009）。

　また海外の事案ですが、アスリートが尿検体の採取には応じたものの、同時に求められた血液検体の採取については、試合の影響などで体調が悪く、加えて先端（針）恐怖症であることを理由に、応じなかったケースもあります（なお体調が回復した翌日には応じました）が、結局、「やむを得ない理由」があったとはいえないと判断されています（CAS2013/A/3279）。

【参照 JADA 規程】2.3

# 第2編

## 5 居場所情報関連義務違反とはどのようなものですか？

### 1 JADA規程2.4

　JADAによって検査対象者登録リストに登録された高校生以上のアスリート（Registered Testing Pool Athlete：RTPA）は、①期限までに居場所情報を提出する義務、②居場所情報を更新する義務、③60分の時間枠に検査に応じる義務（①〜③をまとめて居場所情報関連義務）を負い、居場所情報関連義務の違反が12カ月の間に3回累積するとアンチ・ドーピング規則違反となります（JADA規程2.4）。

　なお、RTPRとは別に、居場所情報関連義務を負うものの、規則違反を問うための義務違反の記録までは行われないアスリートとして登録される場合もありますが（Testing Pool Athlete：TPA）、義務違反の状況や回数によって、RTPAに変更されることがあります。

### 2 RTPAの義務

　RTPAは、①各四半期の前日までに、次の四半期中における居住地、トレーニング場所、および競技場所を含む、次期四半期中のアスリートの居場所についての正確かつ完全な情報（居場所情報）について、第2編6で説明するADAMSを通じて、提出し、かつ②必要に応じて居場所情報を更新しなければならないとされています。

　またあわせて、③次の四半期における毎日につき、特定の場所でアスリートが検査に対応できる5時から23時までの間の60分の時間枠を指定しなければなりません。60分の時間枠にドーピング検査員（DCO）がRTPAを訪れたとき、検査を実現できなかった場合、原則として検査未了と扱われ、義務違反とされます。これは、場合によってはアスリー

トにかなりの負担となり得るものです（たとえば、テニスプレーヤーの伊達公子氏が夜中に検査を求められた件について記載した 2014 年 12 月 16 日付ブログ参照 https://ameblo.jp/kimiko-date/entry-11965406047.html）。

①～③の義務違反があったときから 12 カ月の間に、累積して 3 回の違反があれば、居場所情報関連義務違反として規則違反になり、原則として 2 年間の資格停止となります（JADA 規程 10.3.2）。なお、仮に 2 回の違反があった場合に、初回の違反から 12 カ月を経過すればそれまでの違反が帳消しになるわけではなく、2 回目の違反から 12 カ月間にもさらに 2 回の違反をしないようにしなければなりません。

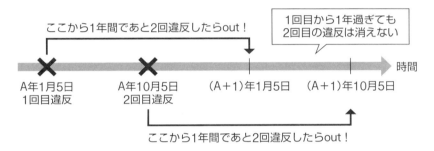

## 3 JADA 規程 2.4 違反の例

過去にドーピング防止規則違反により資格停止とされたことにより、当該停止期間が明けてから検査対象者登録リストに登載された RTPA が、1 年間のうち 3 回要件を遵守した居場所情報の提出をしなかった事案において、JADA 規程 2.4 が認められ、再び資格停止処分とする決定が下されています（規律パネル決定 2015-006）。

【参照 JADA 規程】2.4

# 第2編

## 6 居場所情報の提出はどのように行いますか？（ADAMS）

## 1 ADAMSとは

　居場所情報の提出は、原則として、ADAMS（Anti-Doping Administration and Management System）と呼ばれるインターネット上のシステムを通じて行います。ADAMSは、アンチ・ドーピング活動に関わる世界中の各関連機関・関係者の情報を一元的に管理、集約させるシステムで、下図のような画面で必要な情報の入力などを行います。

© JADA
出所：「ADAMS」ADAMS入力マニュアル Ver.3.5 対応版 5-1 より引用

　情報の提供は四半期（3カ月間）ごとに年4回行わなければなりません。また変更が生じたら、随時その旨の登録を行う必要があります。1年間は1月1日～3月末日、4月1日～6月末日、7月1日～9月末日、10月1日～12月末日に区切られ、前の四半期の最終日までに翌四半期の登録を済ませなければなりませんが、IFやオリンピックなどの

国際競技会によって、独自の提出期限が設けられている場合がありますので、アスリートは自身がIFのRTPAとして居場所情報を提出するのか、JOC派遣大会出場のため提出するのか、さらにそれらによって提出期限が異ならないかに注意が必要です。

## 2 提供する情報の内容

　提供する情報の内容は、正式な通知のために文書の送付先となる郵送先住所をはじめ、検体採取手続きに影響を与え得る当該アスリートの障害についての詳細、提出された情報が他のアンチ・ドーピング機関と共有されることの同意、各日ごとの宿泊場所（建物名、部屋番号）、各日ごとのトレーニング、仕事、その他の日常生活を行う場所、競技を行う予定のある日時場所等宿泊地、移動、競技会への出場、トレーニングなどの予定すべてに及びます。

　また、これらに加え、対象期間のすべての日につき、60分間の時間枠というものを登録する必要があります。これは、毎日午前5時から午後11時の間で、必ず検査員が訪れたら会って検査に対応することができる1時間を定めるものです（第2編5参照）。

　これらの提供情報の内容は、基本的に、ADAMSに表示された記載をよく読み、指示にしたがって入力していけばよいようになっています。

　なお、現在は上記のほか、アプリケーションによって情報の変更・更新を行うことも可能です。

【参照JADA規程】付属文書1.3.1

# 7 ①ドーピング検査を妨害することや②禁止物質をもっていることは違反になりますか?

## 1 ドーピング・コントロールの妨害等

　ドーピング検査は、その信頼性・透明性を確保するため、国際基準のルールに従い、世界的に統一された手順に沿って実施されますが、こうした検査の手続を妨害する行為や、検体の内容を不正に変えようとする行為は禁止されています。

　具体的には、ドーピング検査の一連の流れの中において、以下の行為を行うと、違反に問われます。

- 検体に異物を混ぜるなどして検体の内容を変えようとすること
- 検体を分析する際に、検体の入ったボトルを破損させること
- ドーピング・コントロール・フォーム（ドーピング検査公式記録書）の記載を改ざんしたり、虚偽の情報を記載すること
- DCO やシャペロンを脅迫すること

　これらの妨害や不正を実際に行った場合のみならず、妨害や不正を行うに至らなかったとしても、行おうとしようとする行為だけでも違反となります。

　これらの行為に対する制裁は、原則として 4 年間の資格停止とされています。

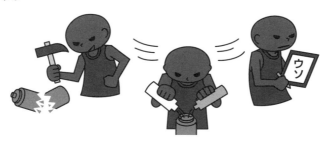

なお、DCOやシャペロンを脅迫する行為は、アンチ・ドーピング規則違反に該当するだけでなく、場合によっては各競技団体に定める規定や刑罰法規にも違反する可能性もあります。

## 2 禁止物質・禁止方法の保有

第2編1で説明したとおり、禁止物質や禁止方法を使用することは禁止されていますが、正当な理由なく、禁止物質や禁止方法を保有しているだけでも規則違反に問われます。アスリートはもちろん、医師やトレーナーなどのサポートスタッフも規則違反の対象になります。

「正当な理由」というのは、アスリートでいえば、第4編1で説明するTUEの承認を得ている場合や、医師の処方箋に基づいている場合のことを指します。サポートスタッフでいえば、チームドクターが緊急時の医療・治療行為や応急手当のために禁止物質・禁止方法をもっている場合を指します。

日本ではこの違反に問われたケースは今のところ見当たりませんが、海外では2015年の規則違反全体の2割くらいがこの類型です。

これらの行為に対する制裁は、もっていた禁止物質が特定物質の場合には原則として2年間の資格停止、非特定物質の場合には原則として4年間とされています。

【参照JADA規程】2.5、2.6

# 第2編 8 禁止物質を売却したり、他のアスリートに禁止物質を投与したりすることもドーピング違反ですか？

## 1 禁止物質・禁止方法の不正取引

アスリートや、アスリートを支援する指導者やトレーナーが、禁止物質や禁止方法を第三者に売却するなどの不正取引を行う（企てる場合も含みます）ことは、アンチ・ドーピング規則違反となります（JADA規程2.7）。この「不正取引」には、たとえば販売目的で禁止物質や禁止方法を所持している場合も含まれます。ただし、医師がアスリートの治療目的のために行った場合は含まれません。

このような不正取引が問題となった事例としては、ロシアの陸上競技の元コーチが、禁止物質の所持や不正取引、管理などを行い、国際陸上競技連盟（IAAF）の規則に違反したとして、10年間の資格停止処分となった事例があげられます。

この規定に反した者は、最短で4年間、最長で永久資格停止の処分を受けます。最短で4年間という重い制裁内容ですが、これは、不正取引によってドーピング行為がさらに蔓延していく点で、他の違反よりも重大な違反行為であると捉えられているからです。

## 2 アスリートに対する禁止物質・禁止方法の投与

アスリート以外の者がアスリートに対して禁止物質・禁止方法を投与すること（投与を企てることも含みます）も、規則違反として禁止されています（JADA規程2.8）。この規定に反した者も、最短で4年間、最長で永久資格停止の資格停止処分を受けます。

日本国内において、カヌー競技のトップアスリートAが、日本代表を争うライバルのアスリートBに対し、Bがドーピング検査で陽性になれ

ばAが自らが東京2020オリンピックの代表選手に選出される可能性が高まると考え、大会中にBがドリンクボトルから離れていた隙に、ドリンクボトルに禁止物質を混入したとして、Aは8年間の資格停止処分を受けました（規律パネル決定2017-004）。なお、この事例では、厳格責任によりBも規則違反となりましたが、Aによる混入の事実が発覚しなければ、制裁が重いままであった可能性が十分あったといえます（Bは過誤または過失なしとして資格停止の制裁はなし）（規律パネル決定2017-002）。

【参照JADA規程】2.7、2.8

# 第2編 9 アスリートが①違反行為に関与することや、②資格停止期間中のコーチからアドバイスを受けることは、アンチ・ドーピング規則違反になるのですか？

## 1 違反への関与

　たとえば、アスリートに禁止物質を使用するようそそのかしたり、アスリートが保有している禁止物質を隠蔽するなど、違反行為（違反行為を企てた場合も含みます）に、第三者が意図的に関与する行為自体もアンチ・ドーピング規則違反となります（JADA規程2.9）。ドーピング違反に直接的に関わるアスリートのみならず、これを助ける行為についても、規則違反として処分の対象とするものです。

　日本では、この規定に反することを理由に処分された事例は今のところありません。海外では、ロシアの競歩のコーチが、複数のドーピング行為において、アスリートへの禁止物質の提供に関与したとして、同国のアンチ・ドーピング機関から永久資格停止処分を受けたという報道がなされています。

　この規定に反した者は、違反の重大性の程度に応じて、2～4年の資格停止処分を受けます。

## 2 特定対象者との関わりの禁止

　アスリート等は、アンチ・ドーピング規則違反等により資格停止等の制裁を受けているコーチやトレーナー、医師といったサポートスタッフと関わりをもってはいけません（JADA規程2.10）。ただし、サポートスタッフとの関わりが違反行為となるのは、アスリート等が、事前にJADA等のアンチ・ドーピング機関から、サポートスタッフが資格停止の状態であることや、そのサポートスタッフと関わりをもった場合に課される措置の内容を書面で通知され、かつ、アスリート等が関わりを回

避することができる場合であることを必要とします。

　具体的には、たとえば以下のような場合には、規則違反となります。

- アスリートが、資格停止期間中のコーチから戦術や技術に関するアドバイスを受けた。
- アスリートが、ドーピングに関連して職務上懲戒処分を受けた医師から治療を受けた。
- アスリートが、資格停止期間中のトレーナーから栄養上のアドバイスを受けた。

　なお、上記の例において、サポートスタッフが無償でアスリート等にアドバイス等をしていたとしても、違反行為となります。

　この規定に違反した場合、原則として2年間の資格停止処分を受けますが、事情により最短1年間まで短縮することができます。

【参照JADA規程】2.9、2.10

# メカニカルドーピング？

　2016年1月に開催されたシクロクロス世界選手権で、ある選手の自転車の車体から、電動の隠しモーターが見つかりました。同大会を主催する国際自転車競技連合（UCI）は、モーターの使用は競技規約に違反するとして、違反した選手に6年間の資格停止処分と2万ユーロ（約230万円）の罰金を科しました。

　こうした用具に関する違反行為は、禁止物質による「ドーピング」にちなんで、「メカニカルドーピング」と呼ばれることがあります。

　自転車競技においてモーターを使う行為は、ルール違反であろうことは容易に想像がつきますが、これに似た微妙なケースとして、かつて競泳界で流行した"サメ肌水着"や"レーザーレーサー"と呼ばれる高速水着の例があります。こうした高速水着は、当時の競技規則には違反していませんでしたが、その後に、いずれも使用禁止とされました。

　競技力向上のためにアスリートがトレーニングを積むのと同様、用具の生産者・技術者は新しい技術の研究・開発に力を注いでいます。この手の話は、用具を使用するスポーツ（サッカーや野球、テニス、ゴルフ等々）では常に起こり得ることです。

　ルールの範囲内で用具を進化させることは、基本的にアスリートの健康を害することもないですし、社会に悪影響を与えるともいいがたく、むしろ、科学技術の発展に寄与しているともいえます。この点で、本書で取り上げてきたドーピングとは大きく異なります。

　それでも用具の規制がなされるのは、スポーツの本質的な価値（スポーツ精神）をも損なうことになるからです。用具の力（人工的な力）が結果に影響を与えてしまっては、公平・公正な競技とはいえません。何より、アスリートの出した結果が用具の人工的な力によるものであったとしたら、人々が感動するでしょうか。

　ただし、どこまで規制するべきか、その線引きは非常に難しい問題です。もっとも重要なことは、アスリートが迷うことのないよう、用具に関する客観的な基準を示すことではないでしょうか。

# 第3編

# 検査の手続き

# 第3編 1 ドーピング検査は、いつ、どこで行われますか？

## 1 ドーピング検査とは

　ドーピング検査とは、IF（国際競技連盟）やJADA等のアンチ・ドーピング機関が、尿や血液といったアスリートの検体を採取し、検体中に禁止物質等が存在するか否かについての証拠を取得するための検査です。

　ドーピング検査によって採取された検体は、あらかじめ指定されているWADAの認定分析機関に提出されて分析されることになります。

## 2 競技会（時）検査と競技会外検査

　ドーピング検査には、「競技会（時）検査（In-Competition Testing）」と「競技会外検査（Out-Of-Competition Testing）」の2つがあります。ここでいう「競技会」とは、1つのレース、試合、ゲームまたは単独のスポーツでの競争とされ、具体的には、バスケットボールの試合またはオリンピックの陸上競技100メートル走の決勝戦等をイメージしてもらえればよいでしょう。

　大まかに区別すれば、競技会（時）検査は、競技会の前後において実施される検査をいい、各競技会のドーピング検査実施要項等に従い、「優勝者」や「上位入賞者」といった形で検査対象となるアスリートが抽出されることが多いようです。ただ、検査の対象となり得るのは、あくまで競技会に参加するすべてのアスリートであることに注意が必要です。他方、競技会外検査とは、競技会の開催とは無関係に、自宅、練習場所、宿泊場所等で実施される、いわば抜き打ち検査です。一定以上の実績を有するアスリート（いわゆるトップアスリート）や過去にアンチ・ドーピング規則違反になったアスリートに対して、事前に居場所情報を

提出させて、その居場所情報をもとに、検査員がアスリートを抜き打ち的に訪問し、検査を実施するものです。

JADA規程上は、競技会（時）検査の期間は、アスリートが参加する予定の競技会の12時間前からはじまるとされています。他方、競技会外検査では、対象となるアスリートは四半期ごとに3カ月の居場所情報を提供し、365日、午後11時から午前6時を除く時間帯には検査に応じなければなりません。

競技会（時）検査と競技会外検査のいずれにおいても、尿検査や血液検査の手法が用いられます。それぞれの検体採取のプロセスは基本的には同じです。

## 3 ドーピング検査の実施件数

JADAの平成25年度から平成29年度までのドーピング検査実施報告によれば、同年度JADAが行ったドーピング検査（尿検査と血液検査のいずれも含む）の実施件数は以下のとおりです。

| 年度 | 競技会（時）検査 | 競技会外検査 |
|---|---|---|
| 平成25（2013） | 3,701件 | 3,109件 |
| 平成26（2014） | 3,830件 | 2,536件 |
| 平成27（2015） | 4,017件 | 1,624件 |
| 平成28（2016） | 4,130件 | 2,192件 |
| 平成29（2017） | 3,989件 | 2,036件 |

【参照JADA規程】付属文書1 定義「競技会」

# 2 ドーピング検査にはどのようなものがありますか？

## 1 ドーピング検査の種類

　ドーピング検査には尿検査と血液検査があります。それらの検査によって、尿検体、血液検体が採取されます。それぞれの検査における具体的な検体採取のプロセスは第3編3および第3編4に譲りますが、いずれの検査も競技会（時）検査と競技会外検査の両方で実施され、採取された検体は、WADAの認定分析機関にて分析されます。

　なお、尿検体、血液検体の両方を採取することもあります。また、血液検査が指定された場合、尿検査への変更を希望することは認められません。

## 2 2つの検査方法の検体数

　一般的なドーピング検査の方法として用いられているのは尿検査です。WADAの2017 Anti-Doping Testing Figuresによれば、2017年にWADAの認定分析機関で分析された検体のうち、尿検体の数は294,291個、血液検体の数は27,759個でした。また、JADAの「平成29年度ドーピング検査実施報告」によれば、2017年度にJADAが行ったドーピング検査のうち、尿検査は5,684件、血液検査は341件でした。これらの統計結果をみても、現在、日本および世界で多く用いられているのは尿検査であることがわかります。

　尿検査も血液検査も、アスリートのプライバシー等の権利の制約をともないます。血液検査については、身体へのインパクト、侵襲性の度合いが高いため、よりアスリートの権利を制約する度合いも高いといえます。もっとも、これら以外に有用なドーピング検査の方法が現状ではな

いため、いずれも検査の方法として許容されています。

# 3 血液検査について

　血液検査は、尿検査では計りにくい、成長ホルモン等特定の物質の計測を目的とする場合に利用されます。また、いわゆる血液ドーピング（血液を試合直前に輸血することによって酸素運搬能力、有酸素持久力を高める行為）の対策として 2000 年のシドニーオリンピックにおいて導入されたという経緯もあります。

　血液検査は、近年、オリンピックなどの主要競技大会では一般化しているものの、日本国内においては、2007 年の世界陸上選手権大阪大会で利用されて以降、しばらくの間実施されていませんでした。しかし、その後 JADA は、2012 年 7 月 20 日のニュースリリースにおいて、ロンドンオリンピックを機に国際的に要請が高まっている血液検査を開始することを発表しました。JADA のドーピング検査実施報告によれば、JADA が行ったドーピング検査のうち血液検査は、2012 年度が 29 件（検査全体の 0.5％）、2013 年度が 309 件（4.5％）、2014 年度が 323 件（5.1％）、2015 年度が 291 件（5.2％）、2016 年度が 411 件（6.5％）、2017 年度が 341 件（5.6％）と、推移しています。

# 3 尿検査の流れを教えてください

ここでは、競技会（時）検査での尿検査の検体採取プロセスについて説明していきます。

以下が大まかな流れとなります。

## 1 通告

まず、ドーピング・コントロール・オフィサー（DCO、ドーピング検査手続全般を担当する係員）またはシャペロン（アスリートへの通告から付き添い、監視を担当する係員）から検査通告を受けます。通告では、そのアスリートが検査を受ける義務があることが伝えられます。ほかには、検体採取前の飲食についての注意事項の説明もあります。アスリートは、検査に関する遵守事項が書かれた文書を交付されますので、それをしっかりと読み、わからない点についてはDCOらに確認をするようにします。そのうえで、アスリートは通告書に同意するサインをし、ドーピング・コントロール・パスを受け取ります。この通告があったにもかかわらず、アスリートが検査を拒否や回避した場合には、アンチ・ドーピング規則違反となることがあります。

## 2 移動

通告を受けた後、アスリートはドーピング・コントロール・ステーショ

ン（検査室）へ移動します。通告から検査室に入るまでは、シャペロンの目の届く範囲で行動しなければなりません。

　検査室には飲料が置いてありますが、飲食をする場合には、未開封であることをしっかり確認して、アスリート自らの責任で行います。

## 3 採尿

　検査室で、アスリートは複数のカップから1つを選びます。採尿カップを袋から取り出す前にはウェットティッシュか水道水で手を洗います。同性のDCOが立ち会い、トイレで採尿を行います。この際、DCOは、尿検体がアスリートの体から直接出ていることを確認しています。

　採取された尿検体の薄い場合（比重が低い場合）には、分析のための適切な比重を満たすまで検体採取が継続されますので、アスリートは、過度な飲料の摂取に注意する必要があります。

## 4 分注

　検体を採取した後、アスリートは複数のサンプルキットから1つを選択します。アスリートは、選択したサンプルキットに開封された形跡や破損、汚れ等がないかをしっかり確認する必要があります。そして、箱からAボトルおよびBボトルを取り出し、検体を2つの検体用ボトルに分注し、しっかりと蓋を閉めます（2つのボトルが必要な理由については、第3編7を参照してください）。尿量が不十分な場合には、適切な量に達するまで検体採取が行われます。

## 5 封印

　Aボトル、Bボトルに検体を分注した後は、いずれも箱に入れて封をします。
　分注、封印の手続きともに、アスリートが自分で行う必要があることに注意が必要です。

# 6 薬・サプリメントの申告・報告書への署名

　最後に、公式記録書に検査7日前までに使用した処方薬や市販薬およびサプリメントを申告します。アスリートは個人情報や記載事項に間違いがないかを確認し、署名をし、その控えを受け取ります。

【参照 JADA 規程】2.3

# 第3編 4 血液検査の流れを教えてください

　ここでは、競技会（時）検査での血液検査の検体採取プロセスについて説明していきます。
　以下が血液検査の大まかな流れとなります。

## 1 通告・移動

　通告・移動については、採尿の場合と同様です。詳細は第3編3をご覧ください。DCOまたはシャペロンからそのアスリートが検査を受ける義務があることを通告されます。通告後、アスリートはドーピング・コントロール・ステーション（検査室）へ移動します。通告から検査室に入るまでは、シャペロンの目の届く範囲で行動しなければなりません。

## 2 待機

　血液検査特有の手続きとして、待機があります。
　まず、採血前に競技またはトレーニングをしていた場合には、原則として当該活動後2時間を経過した後の採血となります。
　また、通告、移動後に、検査室に到着した後、最低でも10分間、両

足を床につけて腰かけた状態で安静にします。この 10 分間は、いかなる時も立ち上がってはならず、立ち上がってしまうと、再度着席後から 10 分間安静にすることが求められます。

## 3 体調確認

待機後、DCO から渡された書類に必要事項を記入し、体調不良やアレルギー等の有無を医師・看護師の採血者に申し出ます。この体調確認も血液検査特有のプロセスです。

## 4 採血・止血

アスリートは検査に使用するサンプルキットを複数の中から 1 つを選

択します。選択したサンプルキットに開封された形跡や破損、汚れ等がないかをしっかり確認する必要があります。問題がなければキットを開封します。

　採血を左腕と右腕のいずれからするかについては、採血者と相談をしたうえで決定します。採血後は止血をしっかり行い、止血作業終了後に採血者が採血管に検体番号を貼付します。

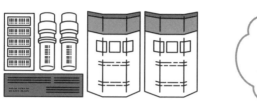

## 5 検体番号の確認・検体の袋詰め

　アスリートは、採血管に貼られた検体番号とキットの蓋、ボトルの番号がすべて一致していることを確認し、しっかりと蓋を締めたうえで、DCOに提出します。封印されたボトルは、DCOが輸送用のビニール袋に入れます。

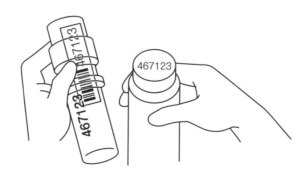

# 6 薬・サプリメントの申告・報告書への署名

　最後に、公式記録書に検査7日前までに使用した処方薬や市販薬およびサプリメントを申告します。アスリートは個人情報や記載事項に間違いがないかを確認し、署名をし、その控えを受け取ります。

# 5 アスリート・バイオロジカル・パスポートとは何ですか?

## 1 アスリート・バイオロジカル・パスポートとは

　アスリート・バイオロジカル・パスポート（Athlete Biological Passport：ABP）とは、アンチ・ドーピング規則違反の有無について、禁止物質等が検出されるかどうかではなく、長期にわたりアスリートの尿検体・血液検体から読み取れるデータを蓄積し、禁止物質・禁止方法を使用した結果として生じた変化をさまざまな指標から総合的に判断するプログラムです。

　ABPは、競技会（時）検査・競技会外検査両方で採取されたデータを検討材料とします。また、血液検査にかぎらず、尿検査で得られた検体も用いられます。

　また、ABPに関する検査対象者は、現行のルール上、検査対象者が定められていせんが、オリンピック、パラリンピックまたは世界選手権大会におけるメダル候補者、国家にとっての優先順位の高い競技のナショナルチームのメンバー、公的資金を受けているアスリート、といった形で優先順位をつけられているようです。

## 2 ABPの有用性

　ABPは、微量の禁止物質等の使用等、従来のアプローチでは検出されなかった違反や、赤血球新生刺激物質（赤血球の産生を促進させる物質）、輸血の乱用等の行為を検出するために有効と考えられています。

　一度のドーピング検査で禁止物質等・禁止方法が検出されなかったとしても、複数の検査値や計算値を蓄積し、長期にわたって個人ごとに数値の変化があるかどうか、追跡します。その結果、検査データ上で異常

な数値の変化が生じ、それが禁止物質等・禁止方法の使用の結果であると証明された場合、アンチ・ドーピング規則違反となります。

　ABPを用いた検体の分析は、その有用性からここ数年で増加しています。尿検査、血液検査といった直接アンチ・ドーピング規則違反を検出する方法と補完し合い、アンチ・ドーピングに貢献していく手法といえます。

〈 ABPの検査値グラフイメージ 〉

【参照JADA規程】付属文書1定義「アスリート・バイオロジカル・パスポート」

# 6 分析機関における分析とはどのようなものですか?

## 1 分析機関

　採取され、2つのボトルに分けて封をされた検体は、識別番号をつけて厳重に保管され、WADA認定の分析機関（日本では株式会社LSIメディエンス）に運搬されます。そして、分析機関において、禁止物質の存在の分析が行われます。

　分析過程では「分析機関に関する国際基準（ISL）」というルールに沿って行われます。違反した場合、分析結果が無効になることもあります。

## 2 管理の連鎖

　検体の運搬過程には「検体管理の連鎖（Chain of custody）」が必要とされています。これは、検体の用意から分析機関に受理されるまで、決められた手順が連続して行われていることをいいます。

　運搬を含む検体の管理は厳格に行われます。「検体管理の連鎖」が失われ、採取から運搬、分析までの過程のどこかで異変が生じて検体の成分が変化した場合、アスリートの側が証明する責任を負っています。アスリートがこの証明に成功すれば分析結果は無効となります。

　この証明の程度に関する事例として、南アフリカのパワーリフティング競技のアスリートが、ボトル詰めされた検体を置き忘れ、45分後にとりに戻ったものの、その結果、検体の輸送が予定より1日遅れたうえに、冷凍保存も行われなかったという事案があります。アスリート側に検査結果の信頼性を疑わせることを証明する責任があることを前提に検査結果を有効と判断したものがあります（CAS 2005/A/908）。

　検体の運搬を含む管理は厳格に行われています。したがって、「検体

管理の連鎖」が失われたことにより検体の成分に変化が生じた、つまり採取から運搬、分析までの過程のどこかで異変が生じて検体の成分が変化したことを、アスリートの側において証明しないかぎり、分析結果を無効にすることは困難と思われます。

## 3 国際基準からの乖離(かいり)

検体分析は、「検査及びドーピング捜査に関する国際基準（ISTI）」およびISLに従って行われます。

過去のCASの仲裁判断（CAS 2007/A/1394）からは、まずは、国際基準からの乖離(かいり)（検査手続が、ルール上求められている厳格さなどを欠いていること）を主張するアスリート側が証明責任を負うと考えられます。そして、アスリート側が一応の証明をした後、その乖離が分析結果に影響を及ぼさないことについて、アンチ・ドーピング機関側に証明責任が課されることになります。

なお、A検体分析とB検体分析双方とを同一の担当者が行うことも可能とされています。

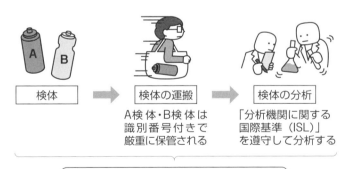

【参照JADA規程】6.1、6.2、6.3、6.4、6.5

## 第3編 7 分析結果で違反が疑われる場合、どのような手続きが行われますか?

## 1 分析報告後の手続き

　採取された検体は、2つのボトルに分けて封をされた状態で保管されます。2つの検体のことを、それぞれ、A検体・B検体と呼びます。

　2つの検体は、識別番号という番号が付されたうえで厳重に保管され、WADA認定の分析機関に運搬され、禁止物質等の存在の有無についての分析が行われます。

　A検体を分析した結果、違反が疑われる分析報告が出た場合、アスリートには、B検体分析を要求する権利があります。これは、ドーピング違反の判断をより慎重に行うために、アスリートに配慮して設けられた制度と考えられます。

　A検体から違反が疑われる結果が出たとしても、B検体から違反が疑われる結果が出なかった場合には、ドーピング違反はなかったものとして手続きが終了することとなります。この場合、A検体の分析結果に基づいて課せられていた暫定的資格停止（暫定的にアスリートが資格を停止させられ、競技会に参加等できないこと）も、それ以上は課せられないものとされています。

## 2 B検体の分析手続き

　B検体の分析については、分析機関において、当事者やその代理人が分析に立ち会うことが可能となっています。これもアスリートの手続保障へと配慮した制度と考えられます。

　仮に、立会いの希望があるにもかかわらず、その機会を全く与えずに分析が強行されたような場合には、その分析結果が無効になる可能性が

あるといえます。

また、A検体を分析した結果、違反が疑われる分析報告が出た場合に、アスリートがB検体の分析を希望しないときは、アンチ・ドーピング規律パネルによる「規律手続」という、資格停止期間などが決められる手続きが行われることになります。

B検体においても同じ分析結果が出た場合にも、同じく、アンチ・ドーピング規律パネルにより「規律手続」が行われることになります。

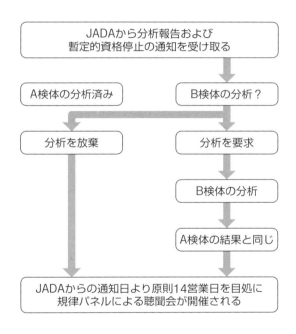

【参照JADA規程】7.3

## 8 暫定的資格停止とはどのような制度ですか？

### 1 暫定的資格停止とは

　違反が疑われる分析報告が出た場合、アスリートに対して暫定的資格停止処分がなされることがあります。これは、その時点ではアンチ・ドーピング規則違反であるか否かが確定していないとしても、その疑いが一定程度ある以上、規律手続により違反の有無が確定する前の段階で、それまでの間に開催される競技会への影響を避けるために、暫定的にアスリートの資格を停止するものです。

### 2 強制的な暫定的資格停止と任意の暫定的資格停止

　暫定的資格停止処分には、強制的な暫定的資格停止と任意の暫定的資格停止があります。
　「強制」と「任意」の違いは、大まかには、必ず暫定的資格停止となるか、場合によって暫定的資格停止となるか、というものです。
　より具体的には、強制的な暫定的資格停止は、A検体の分析の結果、特定物質ではない禁止物質、または禁止方法に関する違反が疑われる分析報告が発生し、JADA規程に従って行われた審査により、TUE（第4編1参照）や各種国際基準に関する違反がなかった場合に必ず課せられるものです。
　他方、任意の暫定的資格停止は、特定物質に関する違反が疑われる分析報告の場合、または強制的な暫定的資格停止処分とはならないアンチ・ドーピング規則違反の場合に、JADAが、聴聞会に先立ち暫定的資格停止を課することができるもので、必ず課せられるものではありません。

暫定的資格停止処分に際しては、聴聞の機会というものが与えられます。聴聞の機会とは、アスリート側の意見や主張を聴く機会のことをいいます。暫定的資格停止処分に際して与えられる聴聞の機会は、以下のいずれかの時期に与えられることとなっています。
　①暫定的資格停止の賦課に先立ち、または賦課の後、合理的に実行可能な適時な時期のいずれかにおける暫定聴聞会の機会
　②暫定的資格停止の賦課の後、合理的に実行可能な適時な時期において、緊急の終局的な聴聞会の機会

　なお実際の聴聞会の機会は、多くの場合、暫定的資格停止に先立っては行われず、事後的に行われることが多いのが実情です。
　暫定的資格停止の処分に服していた期間については、規律手続の結果、最終的に決定される資格停止の期間がある場合には、その期間の中に含められるものとされています。
　また、アスリートが、違反が汚染製品に関するものである可能性があることを日本アンチドーピング規律パネル（第5編1、2参照）に対し証明した場合には、暫定的資格停止は取り消され得るとされていますが、現実には、暫定的資格停止の段階で、アスリートがそこまでの立証をすることは困難なことが多いと思われます。

【参照 JADA 規程】7.9

## ドーピングを認めた方がよいですか？

　アンチ・ドーピング規則の違反が認められると、違反したアスリートには厳しい制裁が科されます。制裁の内容は、何年にもわたる資格停止などですから、場合によっては制裁を受けることで事実上選手生命を絶たれてしまうこともあるでしょう。そのような人生を左右しかねない制裁からは、できることならば免れたいというのが、人の偽らざる心情でしょう。

　しかし、禁止されている物質が検出されてしまうと、資格停止の制裁を免れるためには、禁止物質等が検出されたことについて「過誤又は過失がないこと」を、アスリートが証明しなければなりません。しかも、アスリートは自分が口にするものには責任があるとされ、また自分の飲食物に接触することを許している人の行為にも責任があるとされていますので、アスリート自身が知らなかったというだけでは、この証明として十分とはいえません。

　他方で、アンチ・ドーピング規則には、アスリートが自ら違反したことを認めた場合には、制裁として科される資格停止期間の短縮等の軽減措置が定められています。

　もちろん、まったく身に覚えのない違反を自ら認める必要まではありません。しかし、アスリートには禁止物質が知らぬ間に体内に入らぬように十分に注意すべき義務があるのですから、それをふまえても禁止物質等が検出されたことについて「過誤又は過失がない」といえるのかを正確に判断したうえで、自ら違反を認めるか否かを決めるべきでしょう。

　安易に制裁から免れようとして否認すると、本来受けられたかもしれない制裁の軽減を受けられず、アスリートとして再起するチャンスまで失うことになりかねません。違反を認めるか否かを冷静に判断することも重要で、これもアスリートとして必要な1つの資質といえるのかもしれません。

# 第4編

# アスリートが気をつけるべきこと

# 第4編

## 1 TUEって何ですか？

採取された尿や血液から禁止物質が検出された場合は、アスリートの落ち度（過誤または過失）の有無を問わず、アンチ・ドーピング規則違反となります（厳格責任）。

しかし、アスリートも、病気や怪我の治療のために禁止物質・禁止方法を使用する必要が生じることがあります。このような場合に、事前に申請し承認を得れば、治療のために禁止物質・禁止方法を使用することが可能となる手続があり、これを、TUE（治療使用特例）といいます。

もし、規則違反に問われても、有効なTUEが付与されていれば、手続きは終了し、違反とはなりません。

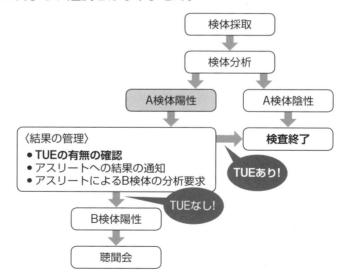

TUEの申請にあたっては、TUE申請書（JADAのウェブサイトから入手可能）およびカルテや各種検査データを大会の30日前までに提出します。申請書の作成には、必ず医師の協力が必要です。

申請先（IF か JADA か）は、出場する競技会によって、あるいは JADA 指定の RTPA か、IF 指定の RTPA か、RTPA ではないアスリートか、によって異なりますので、事前によく確認してください。

　TUE は、申請すれば当然に認められるわけではなく、医師らにより構成される治療使用特例専門委員会（TUE 委員会）によって審査されます。TUE が付与されるには、次の 4 つの要件を満たさなければなりません。
　①その物質・方法を使用しないと健康状態に深刻な障害をもたらすことが予想される
　②通常の健康を取り戻す以上の競技力向上の可能性が低い
　③ほかに合理的な治療方法がない
　④ドーピングの副作用に対する治療ではない

　TUE 委員会による審査の結果は、アスリートに判定書が送付されるとともに、ADAMS へも登録されます。

　TUE が付与される場合、判定書には、承認された物質・方法、承認期間等の条件が記載されますが、これらの条件を守らなければ TUE 付与が撤回されることがあります。また、この承認期間は自動的に更新されないので、承認期間を超えて引き続き禁止物質・禁止方法の使用を継続したい場合には、改めて TUE を申請し承認を得る必要があります。他方、TUE 委員会が TUE を付与しないと決定した場合には、決定を受領した日から 21 日以内に、JSAA（第 5 編 14 参照）または CAS（スポーツ仲裁裁判所）に不服を申し立てることができます。

　TUE は原則として禁止物質・禁止方法の使用前に申請・承認を得る必要がありますが、アスリートのカテゴリーや大会によっては、違反が疑われる分析報告を受けた後に承認を得れば足りる場合や、例外的に治療後、速やかな申請や緊急性の証明など、事前の TUE と比べて厳しい要件のもと、事後的な承認が認められる場合があります（遡及的 TUE）。
【参照 JADA 規程】4.4

## 第4編
## 2 誰に聞けば薬による規則違反を避けられますか？

### 1 禁止表の専門性

　アスリートが、薬を服用する際に、それに禁止物質が含まれているかどうかを誰にも相談せずに一人で確認することは、非常に難しいといえます。WADAの現行の禁止表国際基準がきわめて専門的だからです。
　それでは、その薬に禁止物質が含まれているか否かを確認するために、誰に相談すればよいのでしょうか。まずは、スポーツファーマシストに相談してください。その際、補助的ツールとして、Global DROを使用することもおすすめです。

### 2 スポーツファーマシスト

　スポーツファーマシストは、JADAによる公認スポーツファーマシスト認定制度により認定された、最新のアンチ・ドーピングに関する知識を有する薬剤師で、全国に約8,000人いるといわれています。ウェブ上から日本全国のスポーツファーマシストを検索することができます（https://www.sp.playtruejapan.org）。
　なお、薬剤師ではなく、医師に相談するということも考えられるところです。しかし、医師によっては、アンチ・ドーピングに関する専門性や知識を有していない場合もありますから、薬に禁止物質が含まれているか否かを確認する場合に、スポーツファーマシストが現在もっとも信頼が置ける相談先であるといえます。

### 3 Global DRO

　The Global Drug Reference Online（Global DRO）は、WADA

の禁止表国際基準に基づき、アスリート等が禁止物質のステータスを確認できるグローバルな薬の検索サイトです。アスリート等は、ウェブ上で、製品名や成分名から、医薬品に禁止物質が含まれているか否かを確認することができます（http://www.globaldro.com）。

　Global DROは使い方を誤らなければ、有用なツールですが、アスリートがGlobal DROによる検索結果のみで薬の禁止物質の含有を判断することは、その専門性のために検索過程で間違えてしまうことも十分にあり得ることからおすすめできません。あくまで、スポーツファーマシスト等と相談する際の補助的ツールとして使用することをおすすめします。

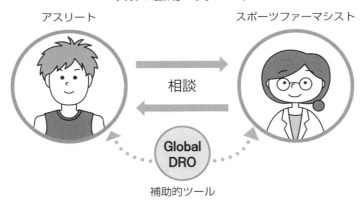

〈 薬の服用に関して 〉

## 4 重要な注意点

　スポーツファーマシストもGlobal DROも、薬に関することのみを正確に調べることができます。したがって、サプリメントや栄養補助食品等については、スポーツファーマシストに問い合わせたり、Global DROで調べようとしたりしても、そもそも内容成分として何が含まれているか不明であるため、調べようがないということになります。

　また薬といっても、漢方薬については、その内容成分が不明であることが多く、調べようがない可能性が高いといえます。

# 3 サプリメントを服用したいのですが

## 1 サプリメントの服用について

　サプリメントの服用について、従前は「サプリメントは自己責任のもと、気をつけて服用してください」と注意を喚起してきましたが、サプリメントをめぐり、2016年から2107年にかけて衝撃的な事件2件（規律パネル決定2016-007とJSAA-DP-2016-001、第6編2参照）が報告されてからは、「どれだけ気をつけてもサプリメント服用によるリスクは回避できない」との見方が有力となりつつあります。

## 2 事例の紹介

　以下では、前記の2件の事件のうち、前者について紹介します。
　①プロサッカー選手Aが、ビタミン摂取を目的として、18カ月間、ほぼ毎日1回ずつサプリメントXを服用していましたが、本件までドーピング検査で陽性となったことはありませんでした。
　②Aが所属するフットボール・クラブ（以下「FC」）のチームトレーナーがXについて製造業者および輸入元に対し問い合わせを行い、禁止物質が混入していない旨の明確な回答を得ていました。
　③FCは、チームドクターの承認を得たうえで、Xを推奨製品とし、Xを一括購入し、選手に服用させていました。
　④Xのパッケージにも「この製品はドーピング規定に違反する成分は一切使用していません」という文言が明記されていました。
　⑤FCがX（先行製品を含む）を推奨しはじめた1994年ごろ以降、約22年間、FCに所属する複数の選手がこれを購入・服用していましたが、Xを原因とする規則違反はありませんでした。

このような事情のもと、2016年9月25日の競技会検査において、Aの検体から禁止物質であるメチルヘキサンアミンが検出されました。

　アンチ・ドーピング規律パネルの決定では、Aは、資格停止は課せられず、譴責(けんせき)に止まりました。しかし、厳格責任に基づき、獲得された個人成績は失効し、獲得されたメダル、得点、褒賞も剥奪されました。

## 3 サプリメントの服用について大切なこと

　この事例から、サプリメントを服用することのリスクの大きさが実感できると思います。そして、どのような事情があってもドーピング検査で陽性反応が出てしまえば、WADA規程やJADA規程による処分のほかに、大々的に報道され社会的制裁を受けますし、スポンサー契約を解除されるなどの大きなデメリットがあります。

　また、アンチ・ドーピング制度において競技力向上の効力がある物質は禁止物質として厳格に禁じられていることからすれば、服用が許されているサプリメントには競技力向上の効果がないはずですから、果たしてサプリメントを服用するメリットが本当にあるのか、ということをよく考えていただきたいと思います。

　最終的には、アスリートの判断に委ねざるを得ませんが、サプリメントによるドーピング違反となる場合のデメリットとサプリメントを服用するメリットを今一度比べ、服用するかどうかを考える必要があります。

〈 サプリメントの服用に関して 〉

# 第4編

## 4 食品は、大丈夫ですか?

### 1 食品による栄養摂取

　サプリメントを摂取することにリスクがともなうことは、第4編3で述べたとおりですが、サプリメントや栄養補助食品を摂取せずに、食品を食べて栄養をとるようにしていれば、アンチ・ドーピング規則違反は生じないのでしょうか。

　残念ながら、そうではありません。サプリメントや栄養補助食品を摂取しなければ大丈夫というわけにはいかず、食品にも、禁止物質が含まれている可能性はあります。

### 2 日本国内の事例

　日本国内で比較的注目されたものとして、2015年に、大手メーカーが発売したゼラニウムのエキスが含まれた清涼飲料水について、禁止物質であるメチルヘキサンアミンが検出されるのではないかとして、飲用を差し控えるべきだと話題になったことがありました。この件については、事後に、メーカーが禁止物質を含むものでないと発表したものの、食品中に禁止物質が含まれない保証はありません。

　販売者が「大丈夫です」といっていた食品であっても、禁止薬物が含まれている可能性がないとはいえません。2016年には、公益財団法人日本自転車競技連盟が、オフィシャルスポンサーの製造したサプリメントについて、事後に禁止物質が含まれていると発表したことがありました。幸い、このサプリメントを用いたアスリートが規則違反に問われることはありませんでしたが、原材料の古式梅肉エキスに禁止物質が含まれていることが後で判明しました。この事例から知ることができる重要

なポイントとして、やはりサプリメントはリスクをともなう、ということだけでなく、原材料となった加工食品に、禁止物質が含まれている可能性がある、ということも忘れてはなりません。

# 3 海外の事例

さらに、海外で、規則違反を問われた事例の中には、禁止物質を含有する食肉を通じて禁止物質が体内に進入したと認定されたものがいくつかあります。食肉用の家畜に与えている飼料に家畜の成長を促す薬品（禁止物質）が含まれているため、食肉に禁止物質が残留していることがあり、このような食肉を食べたアスリートからも禁止物質が検出されることがあるのです。

このような事例をみると、単に市販されている食品を食べている場合であっても、アスリートが規則違反となる可能性はあるといわざるを得ません。これを完全に回避するためには、自分が食べるすべての食品について、その製造工程からチェックし、禁止物質が含まれる可能性を断たなければなりません。もちろん、そのようなことは不可能です。ただ、少しでも規則違反となる可能性を下げるためには、産地をよく確認したり、過去に食べた食品を記録したりしておくなど、日常生活においても配慮をする必要があると考えられます。

## 第4編 5 薬、サプリメント、食品… もう大丈夫ですか？

## 1 自ら禁止物質を摂取するリスク

　薬や、サプリメントだけでなく、日常食べる食品にも、アンチ・ドーピング規則違反となる可能性があることを述べてきましたが、そこまで気にしていれば、もう安心なのでしょうか。

　いいえ、これだけ注意を払っていても、まだ規則違反となる可能性があります。以下では、その他の代表的な2つのリスクを紹介します。

　1つ目に、禁止物質の体内侵入経路は、多種多様な可能性があります。たとえば、化粧品などに禁止物質が含まれている場合、経皮、すなわち皮膚を通じて禁止物質が体内に侵入することがあります。

　経口、すなわち口からの侵入する場合には、食事以外にも、アロマオイルやタバコなど、吸引によって禁止物質が体内に進入する場合もあります。

　普段利用している化粧品や嗜好品の中に、禁止物質が含まれていない保証はないため、食事に気を付ければ規則違反にならない、とはいえません。

## 2 第三者による禁止物質の混入のリスク

　2つ目に、自己の意思とは無関係に、第三者が禁止物質を摂取させる場面が考えられます。日本における処分事例では、2017年に、アスリートが、同じ競技の他のアスリートが飲用するドリンクボトルに禁止物質を混入させた事例があります（規律パネル決定2017-004事件）。

　海外に目を向ければ、同種の事例が複数あります。なお、真実は第三者がアスリートに禁止物質を摂取させた事案であっても、禁止物質を摂

取させられたアスリートは、なぜ体内に禁止物質が入ったのかわからず、重い処分を受け、他方で危険物質を摂取させたアスリートが処分されていない可能性も十分に考えられるところです。

　このようにしてみると、薬を摂取する際に十分に注意をし、サプリメントは摂取せず、食事にも気をつけたから、もう規則違反と無関係だ、というわけではありません。

　アスリートは、自らを守るために、自身で、食べるもの、飲むものを徹底的に管理し、他者からの混入を防ぐ必要があります。さらには、自分の体内に取り込むものに禁止物質が含まれていないか、可能なかぎり調査をする必要もあります。

　ただ、いずれにせよ、「これをしておけば完全に大丈夫」という方法はなく、アスリートとしてはリスクをいかにして減らしていくかを考えていくほかないでしょう。

# 第4編
## 6 未成年のアスリートの場合の特別な措置を教えてください

### 1 未成年のアスリートとは

　未成年のアスリートの場合は、未成年者保護の観点から、成人のアスリートと異なる特別の措置があります。

　WADA規程によれば、18歳以上のアスリートを成人のアスリートと定義し、18歳未満のアスリートは、成人のアスリートと比して、特別の措置が適用されます。日本においては、18歳未満のアスリートにはWADA規程の特別の措置が適用され、加えて、18歳以上20歳未満でIF指定のRTPA以外のアスリートにも特別の措置が適用されます。

### 2 未成年のアスリートに対し適用されている特別の措置

(a)「検査に親権者等の同伴」

　18歳未満のアスリートに関して、ドーピング検査を行う場合、親権者等の成人の同伴者が必要とされています。

(b)「証明責任の軽減」

　ドーピング・コントロールにおいては、厳格責任のもと、アスリートに対し厳しい証明責任が課せられていますが、18歳未満のアスリートについては、禁止物質の体内侵入経路についての証明責任が免除されています。

(c)「制裁措置の自動公開なし」

　WADA規程では18歳未満のアスリートの場合、制裁内容を自動的に公開しないこととされていますが、日本においては、18歳未満のアス

リートに加えて、18歳以上20歳未満IF指定RTPA以外のアスリートについても、制裁内容を自動的に公開しないこととされています。

(d)「親権者によるドーピング検査に関する同意」

未成年者保護の観点から、WADA規程において、18歳未満のアスリートについて、親権者によるドーピング検査に関する同意が必要とされています。日本においては、18歳未満のアスリートに加えて、18歳以上20歳未満でIF指定RTPA以外のアスリートについても、親権者によるドーピング検査に関する同意が必要とされています。

以上をまとめると、日本において18歳未満のアスリートには、(a)、(b)、(c)、(d)が適用されますが、18歳以上20歳未満でIF指定RTPA以外のアスリートには、(c)、(d)が適用されるということになります。なお、日本において、18歳未満が未成年とされる法改正がなされた場合には、18歳未満のアスリートのみに特別の措置が適用される可能性があるため注意が必要です。

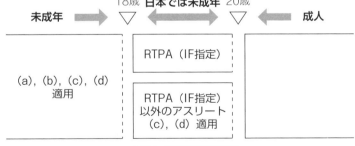

〈 未成年のアスリート 〉

※日本の法改正に注意

【参照 JADA 規程】付属文書1定義「過誤又は過失がないこと」、「重大な過誤又は過失がないこと」、「18歳未満の者」、8.5.5、14.3.6、
【参照 WADA 規程】付属文書1定義「Minor」

## 資格停止期間中は何をしてはいけないのか？

　資格停止期間中にアスリートが行ってはいけない活動の具体例としては、以下の活動をあげることができます。
　① JOCやその加盟競技団体が公認または組織する競技大会への参加
　②①以外のプロフェッショナルリーグや競技大会への参加（国内、国外を問いません）
　③加盟競技団体に登録するクラブにおける練習や合宿などへの参加
　④ JOCやその加盟競技団体の役職員、ボランティアとして行う事務活動
　次に、資格停止期間中だからといって、ある競技の練習をまったく行ってはならないというわけではありません。資格停止期間中であっても認められる活動の具体例としては、以下の活動をあげることができます。
　①個人練習
　②個人の資格でのトレーニング施設の利用
　③対人練習（ただし、JOCやその加盟競技団体の下における活動、加盟競技団体に登録するクラブの活動とはみなされない形で行うものに限られます）
　特に、③の対人練習が「加盟競技団体に登録するクラブの活動とはみなされない」か否かを明確に線引きすることは難しいですが、たとえば、(a) クラブの監督、コーチがおらず、(b) クラブの練習場所でもなく、かつ (c) クラブの練習のような人数には及ばない、といった場合は、認められる活動とされる可能性が高いでしょう。
　もっとも、ある行動が資格停止期間中に行ってはいけない活動にあたるか、認められる活動にあたるかの最終的な判断は、日本アンチ・ドーピング規律パネルに委ねられていることには注意が必要です。また、万一、行ってはいけない活動を行ったと判断された場合、制裁として、元の資格停止期間と同じ長さの資格停止処分を課されるリスクがあります。したがって、資格停止期間中に何を行うかは、追加の制裁を課されることがないように、慎重に判断する必要があります。
【参照JADA規程】10.12

# 第 5 編

# 処分決定に至る手続き

# 1 違反したかどうかは、誰がどうやって決めるのですか?

## 1 日本アンチ・ドーピング規律パネルとは

　日本アンチ・ドーピング規律パネルという機関が、アンチ・ドーピング規則違反とその制裁措置を決定します。つまり、規律パネルは、JADAが、あるアスリートについて規則違反があったと主張してきた場合に、聴聞会を開催し、違反していたかどうかを判断し、違反が認められる場合、これに対する制裁措置（資格停止等）を決定するのです。

　刑事裁判でいうと、規律パネルが裁判所、JADAが検察官、アスリートが被告人というイメージをもってもらえばわかりやすいと思います。

　聴聞会というのは、規律パネルが、規則違反が疑われるアスリートに対し、書面または口頭で意見を述べる機会を与えるために行う手続のことです。具体的には、規律パネル委員の中から選ばれた3名の委員がその手続を行うことになります（この3名の委員で構成されるパネルを「聴聞パネル」（第5編2）といいます）。

## 2 聴聞手続について

　聴聞会は、アスリートが同意しないかぎり、非公開で行われます。

　聴聞手続では、JADAがアスリートの規則違反および課されるべき制裁措置を主張し（JADAが要請する場合には、国内競技団体〔NF〕がJADAを支援します）、アスリートは、このJADAの主張に関し、たとえば、禁止物質の使用は意図的ではなかったなどといった意見を述べる権利を有します。ただし、アスリートが聴聞会に合理的理由なく参加しなかった場合には、意見を述べる権利を放棄したものとみなされます。

　両当事者（JADAおよびアスリートを指します）は、手続に代理人を

立てる権利を有します。この代理人には弁護士がつくことが多いと思われます。通訳が必要な場合には、通訳をつける権利もあります。

　聴聞手続では、両当事者は、必要に応じ、証人尋問（関係者から話を聞くこと）を行ったり、その他の関連する証拠を提出したりすることができます。

　証人尋問を含め証拠を調べるかどうかや調べた証拠の評価（信用できるかどうかということです）は、聴聞パネルの判断に委ねられています。もちろん、聴聞パネルが自分勝手に判断してよいというものではなく、合理的で常識にかなった判断であることが必要です。

　このような聴聞手続を経て聴聞パネルの決定が下されるわけですが、聴聞パネルの審議も非公開で行われます。また、聴聞パネルの決定は多数決によります。

　この決定に不服がある場合、国内レベルのアスリートであれば日本スポーツ仲裁機構（JSAA）、国際レベルのアスリートであればスポーツ仲裁裁判所（CAS）に対し、それぞれ不服申立てをすることができます。なお、JADA や WADA も、同様に不服申立てを行うことができます。

〈 聴聞手続の概要 〉

【参照 JADA 規程】8.3、8.4、8.5、13.2

# 2 アンチ・ドーピング規律パネルは、どのような人が担当しますか?

## 1 規律パネル

　アンチ・ドーピング規律パネル（以下「規律パネル」）は、アンチ・ドーピング規則違反の有無とその制裁措置を決定する裁判官の役割を果たしますが、どのような人が規律パネルのメンバーとなっているのでしょうか。

　規律パネルは、次の①から③の者からなる規律パネル委員から構成されています。

　① 5年以上の適格な経験を有する3名の法律家
　② 5年以上の適格な経験を有する3名の医師
　③ 3名の現役または過去のスポーツ関連団体の役職員やアスリート

　このうち、①の法律家である3名の委員は、規律パネルの委員長（1名）と副委員長（2名）のいずれかに就任することになっています。

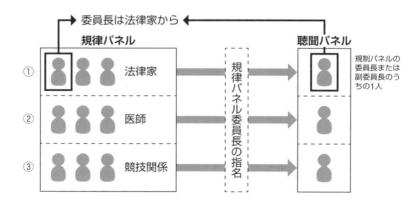

## 2 聴聞パネル

　規律パネルの委員長は、個別の事案について聴聞会を実施して審理・判断するメンバーとして、上記①〜③から各1名ずつ、合計3名を選びます。選ばれた3名のことを「聴聞パネル」といいます。聴聞パネルに任命された法律家の委員が、聴聞パネルの長として、聴聞会の手続きを進行していくことになります。

## 3 委員の利害関係

　審理の公正を保つため、聴聞パネルの委員は、当該事案に以前から関与のなかった者でなければならないとされています。そのため、聴聞パネルの各委員は、聴聞パネルに任命された際に、当該事案の当事者との縁故関係や過去に当該事案に関与していた、といった公平性に影響を及ぼす可能性がある事情を有している場合には、その事情を規律パネルの委員長に明らかにしなければならないとされています。ただし、アスリートなど、当該事案の当事者から、前記のような事情を理由として、特定の委員を聴聞パネルから外すよう求める権利について明示的には定められていません。

【参照 JADA 規程】8.1、8.3

# 第5編 3 アスリートが、違反がなかったことを証明しなければなりませんか?

## 1 JADAが基本的な証明責任を負う

　禁止物質が体内に入らないようにすることは、アスリートが自ら取り組まなければならない責務ですので、自分の検体から禁止物質等が検出された場合には、それ自体がアンチ・ドーピング規則違反となり、原則としてその責任を負うことになります(厳格責任)。

　もっとも、規則違反があったことについては、基本的にはJADAが証明しなければならず、アスリートの方で「規則違反がなかったこと」を積極的に証明する必要はありません。

　そこで、まずは、JADAが、聴聞パネルに対し、アスリートの検体から禁止物質等が検出されたこと、つまり分析結果が陽性であったことを主張し、証明することになります。この段階でJADAとしては、アスリート側が意図的に使用したとか、使用にあたって落ち度があったことまで証明する必要はありません。

## 2 アスリートが証明しなければならない場合

　アスリートの検体から禁止物質等が検出されたことが証明されたとき、アスリートはどのように反論することができるでしょうか。

　まず、検体の分析手続が「国際基準※」に沿って行われなかったことを証明できれば、規則違反を問われません。この場合には、今度はJADAが、その手続違反が分析結果と関係ないことを証明しなければなりません。

※　世界アンチ・ドーピング・プログラムの一環として策定されている義務的な国際基準で、WADAが認定する分析機関、その他WADAが承認する分析機関における、検体の分析及び管理の手続等について規定されています。

また、アスリートが、規則違反に関し自分に落ち度（過誤または過失）がなかったことを証明できれば、その程度によって、制裁措置の内容が軽減されます。

　アスリート側が求められる証明の程度は、JADAに求められるものよりも少し軽いものと考えられています。しかし、単に主張するだけで済むものではなく、規律パネルに対し、自分の主張を裏づける具体的な資料等を証拠として示していくことが大切です。

　なお、アスリートが聴聞会に出席し、聴聞パネルまたはJADAからの質問に回答することを拒絶した場合、聴聞パネルは、その拒絶したこと自体を根拠としてアスリートに不利益な推定を行うことができることになっていますので、聴聞会でしっかり自分の主張を述べ事実関係を説明できるように、あらかじめ代理人（弁護士）と十分相談をしておくことも重要です。

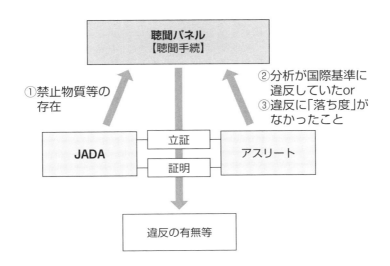

【参照JADA規程】3.1、3.2

# 第5編 4 アンチ・ドーピング規則違反行為に対する制裁はどのようなものがありますか？ その1（記録の失効）

## 1 個人に対する制裁

　アンチ・ドーピング規則違反が発覚した場合、JADA加盟団体に所属するアスリートに対する制裁措置は、JADA規程に従うことになります。

　個人スポーツ、チームスポーツにかかわらず、個人に対する制裁として、①個人の成績の自動失効、②資格停止処分、③金銭的制裁があります。このうち②と③については免れることはあっても①については免れることはできません（厳格責任）。

## 2 チームスポーツにおける制裁

　チームスポーツ（競技会中に選手交代が認められるスポーツ。陸上や水泳のリレーはこれに含まれない）では、競技大会の期間中にチーム構成員の3名以上の規則違反が明らかになった場合には、違反した個人に対する制裁に加え、そのチームに対しても、制裁措置（例、得点の剥奪、競技会または競技大会における失効その他の制裁措置）が課されます。

## 3 競技大会における規則違反に対する制裁

　競技大会開催期間中または競技大会に関連して規則違反が発生した場合、規則違反が出た競技会（レース）以外の成績についても、その競技大会を所轄する組織の決定により失効する可能性があります。たとえば、オリンピック100メートル背泳ぎと200メートル背泳ぎに出場するアスリートが、100メートル背泳ぎの決勝のレース直後に受けたドーピング検査において規則違反になった場合、その100メートル背泳ぎのレースの決勝の結果だけでなく、100メートル背泳ぎのレースの予選の結果

や、200メートル背泳ぎのレースの結果も失効する可能性があります。
　競技大会における他の結果を失効させるか否かは、アスリートによる規則違反の重大性の程度や、他の競技会（レース）においてアスリートに陰性の検査結果が出たか否かなどが考慮されます。

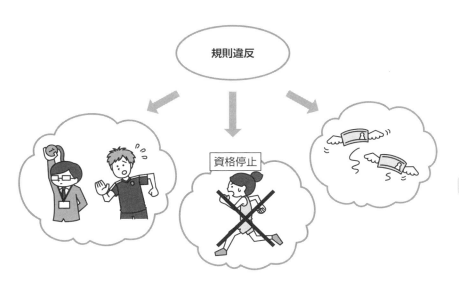

【参照JADA規程】9、10.1、11、付属文書定義「チームスポーツ」

# 第5編 5 アンチ・ドーピング規則違反に対する制裁にはどのようなものがありますか？その2（資格停止、資格停止期間の開始）

## 1 資格停止

アンチ・ドーピング規則違反に対する制裁として資格停止があります。資格停止期間中、アスリートは、所属クラブでの活動（練習を含む）や、登録する競技団体の主催する競技会や合宿への参加等のスポーツ活動が禁止されます。また、補助金等の支給も原則として停止されます。

資格停止期間中に禁止された活動を行った場合には、新たな資格停止期間が、元の資格停止期間に追加されます。なお、追加される新たな資格停止期間は、過誤の程度などによって決まります。

資格停止期間は、違反内容ごとに、基本となる資格停止期間が4年または2年と定められています。たとえば、規則違反のうちもっとも典型的な尿や血液に禁止物質が存在するという違反については、禁止物質が非特定物質（第2編3参照）である場合には4年、特定物質である場合には2年とされています。

## 2 資格停止期間の開始

資格停止期間は、原則として、聴聞パネルが資格停止を定める終局的な決定を下した日から開始します。

例外的に、聴聞会に参加する権利をアスリートが放棄した場合や聴聞会が行われない場合には、資格停止を受け入れた日または別途、資格停止措置が課された日から開始します。また、聴聞手続またはドーピング・コントロールの各局面においてアスリートの責任ではない遅れが生じた場合や、規則違反に問われた後に、速やかにその違反を自認した場合には、最大で、検体を採取した日から、直近その他の規則違反の発生日の

いずれかまで、資格停止期間の開始日がさかのぼります。

　アスリートに暫定的資格停止が課され、アスリートがそれに服した場合には、最終的に課される資格停止期間から、遵守した暫定的資格停止の期間が差し引かれます。

# 3 トレーニングの開始可能時期

　アスリートは、資格停止期間が満了するまで、前述したように活動を禁止されますが、資格停止の最後の2カ月か、資格停止期間の最後の4分の1の期間のうち短い方の期間のはじめに、所属クラブ等でのトレーニングに復帰することができます。

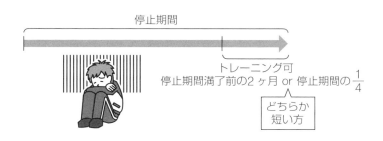

【参照JADA規程】10.12、9、10.2、10.11

## 6 資格停止期間は減ったり増えたりするのですか？

### 1 資格停止期間の軽減

　日本アンチ・ドーピング規則違反（以下「規則違反」）に対する制裁措置の1つである資格停止は、違反行為の類型ごとに基本となる資格停止期間が定められていますが、一定の条件を満たせば、取り消されたり、期間が短縮されたりする場合があります。なお、期間が加重される場合は後述します。

　まず、アスリートに「過誤又は過失がないこと」（詳細は第5編9で述べますが、ここでは落ち度が全くないことと捉えてください）を証明した場合には、資格停止期間は取り消されます。

　また、「重大な過誤又は過失がないこと」（同様に、ここでは重大な落ち度がないことと捉えてください）を証明した場合には、資格停止期間が短縮される可能性があります。

　さらに、いずれのアンチ・ドーピング機関も規則違反発生の可能性を認識していないときに、アスリートが規則違反を名乗り出て違反を認めた場合には、資格停止期間が短縮される可能性があります。

　資格停止期間の短縮とは若干異なりますが、アスリートが、アンチ・ドーピング機関等に対して、情報を提供するなどして、他の人の規則違反の摘発に協力した場合には、資格停止期間を猶予されることがあります。猶予とは、資格停止期間は維持しつつ、その一部の期間について、資格停止の効力を仮に停止させることをいいます。

### 2 資格停止期間の加重

　10年以内にアンチ・ドーピング規則違反が複数回行われた場合の資

格停止期間は、通常より重いものとなっており、具体的には以下の表のとおりです。

| 10年以内に規則違反になった回数 | 課される処分 |
|---|---|
| 2回目 | 次の①～③のうち、もっとも長い期間。<br>①6カ月<br>②1回目の違反（短縮を考慮しない）の資格停止期間の2分の1<br>③2回目の違反を初回の違反と扱った場合（短縮を考慮しない）の資格停止期間の2倍 |
| 3回目 | **原則永久資格停止** |

 たとえば、あるアスリートが3年前に規則違反を行い2年の資格停止を受けていたにもかかわらず、2回目の規則違反を犯したとします。2回目の違反の基本となる資格停止期間が2年であった場合、これを表の2回目の違反にあてはめると、①：6カ月、②：1年（2年×1／2）、③：4年（2年×2）となり、このうちもっとも長い③4年となります。

 3回目の違反は原則として永久の資格停止という厳しい処分が課されることになります。

【参照JADA規程】10.4、10.5、10.6、10.7

# 7 「意図的」とは何ですか?

## 1 「意図的」とは?

　検体に禁止物質等が存在した場合や禁止物質を使用、保有した場合でアンチ・ドーピング規則違反(以下「規則違反」)になると、資格停止の制裁が課せられます。

　「意図的」とは、規則違反を認識していること、または、自らの行為が規則違反の結果に至り得る重大なリスクがあることを認識しつつ、そのリスクを明白に無視したことを意味します。

## 2 「意図的」に規則違反をしたら?

　規則違反が意図的である場合、意図的でない場合に比べて資格停止期間は長くなります。

　具体的には、禁止物質が非特定物質の場合、基本となる資格停止期間は4年間ですが、アスリートが、規則違反が「意図的」ではなかったことを証明できた場合には資格停止期間は原則として2年間となります。

　禁止物質が特定物質の場合は、基本となる資格停止期間は2年間ですが、JADAなどのアンチ・ドーピング機関が、規則違反が「意図的」であったことを立証できたときは資格停止期間が原則として4年間となります。

　ここで、「原則として」という言葉がつくのは、他の要因による資格停止期間の軽減または加重があり得るという意味です。

　このように、アンチ・ドーピング規則違反が「意図的」であるか否か(正確には証明ができたか否か)は、原則的な資格停止期間を4年間とするか2年間とするかの分岐点となります。特定物質が競技力向上以外

| 禁止物質 | 「意図的」 | | | 原則的な資格停止期間 | 軽減規定(10.5.2) の適用 |
|---|---|---|---|---|---|
| | 立証責任 | 立証内容 | 立証の成否 | | |
| 非特定物質 | アスリート | 意図的でないこと | 成功 | 2年間 | ○ |
| | | | 失敗 | 4年間 | × |
| 特定物質 | JADA | 意図的であること | 成功 | 4年間 | × |
| | | | 失敗 | 2年間 | ○ |

の目的で摂取される可能性が高いことから、アスリートとアンチ・ドーピング機関のどちらが「意図的」を証明する責任を負うかが異なるのです。

# 3 アスリートに課せられた「意図的」でないことの証明

　禁止物質が非特定物質の場合、アスリートが「意図的」でないこと、つまり規則違反を認識していないことおよびアンチ・ドーピング規則違反の重大なリスクを認識していないことを証明する必要があり、「意図的」でないことを証明できなければ、原則的な資格停止期間が4年間となってしまいます。

　それだけでなく、禁止物質が非特定物質の場合、アスリートが「意図的」でないことを立証できなかった場合、「重大な過誤又は過失がないこと」による資格停止期間の短縮という軽減規定の適用（第5編9、10参照）を受けることもできません。

　また、意図的で「ない」ことの証明ですから、「ある」ことの証明に比べ容易ではありません。

　そのため、禁止物質が非特定物質の場合には、資格停止期間を4年より軽減することは困難な状況となってしまうのです。

【参照JADA規程】10.2

# 第5編

## 8 「意図的」でないと認められるのはどのような場合ですか？

### 1 「意図的」について判断した事例

　アンチ・ドーピング規則違反（以下「規則違反」）が「意図的でない」と判断されたものには次のような事例があります。

- 禁止物質が検出されたサプリメントのパッケージや販売サイトに禁止物質や正体不明の物質が表示されておらず、そのサプリメントに禁止物質が含まれている旨の情報はインターネット上検索されず、さらに他のアスリートも使用していたほか、アスリート自身も、同種のサプリメントを摂取していながら以前の競技会のドーピング検査では禁止物質が検出されなかった事例（JSAA-DP-2016-001）
- 摂取した代謝調整薬から検出された禁止物質が禁止表に加えられて間もない時期の違反で、かつアスリートが従前より医師の処方を受けたうえでその薬を服用していた事例（CAS2016/A/4043）

他方、次の事例では、規則違反が「意図的である」と判断されました。

- アスリートが服用した薬品の容器に禁止物質の含有が明記されていた事例（JSAA-DP-2015-008）
- アスリートが服用したサプリメントの製品名が禁止物質を含有する徴候を含んでいた（禁止物質がテストステロンで、製品名が「Testosterol250」であった）事例（FINA Doping Panel 02/16）

　以上から、アスリートに禁止物質の認識がないからといって「意図的でない」と判断されるわけではないため、医薬品やサプリメントの外観や説明書の確認、インターネット検索など摂取にあたって十分な情報収集をすることが最低限必要といえます。

# 2 「意図的でない」と認められるために必要な証明

　問題は、禁止物質が非特定物質の場合、アンチ・ドーピング規則違反が「意図的でない」と認められるために、アスリートにはどのような証明が必要となるかです。

　この点、国外の仲裁パネルや規律パネルには、アスリートが「意図的ではない」ことを証明するためには、文言上要求されていないにもかかわらず、禁止物質の体内侵入経路の証明（第5編10、11）が必要であると判断したものや、体内侵入経路の証明を「意図的」でないことを証明するうえでの考慮要素の1つと判断したものがあります。

　これに対して、端的に「意図的」の定義にあてはめて規則違反が「意図的」か否かを判断したものもあり、また、アスリートが体内侵入経路の証明に成功しなかった場合であっても、「意図的」でないと認めたCASの仲裁判断が出されています（CAS2016/A/4676）。

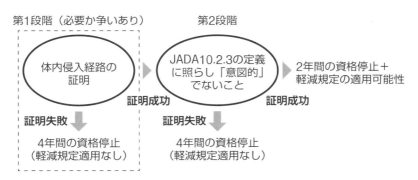

　「意図的」でないことを証明するために禁止物質の体内侵入経路を証明する必要があるかどうかにはいまだ争いがありますが、禁止物質がどのように体内に入ったかを証明することはきわめて重要なことですので、アスリートとしては、普段の生活から、食品、医薬品、サプリメントの摂取をメモしておくとよいでしょう。

【参照JADA規程】10.2.3

# 第5編 9 「過誤又は過失がないこと」、「重大な過誤又は過失がないこと」とは何ですか？また、どのような場合に認められますか？

## 1 はじめに

アスリートにアンチ・ドーピング規則違反（以下「規則違反」）行為があったとしても、アスリートが、「過誤又は過失がないこと」を証明したときは、資格停止期間が取り消されます。また、アスリートが、「重大な過誤又は過失がないこと」を証明したときは、資格停止期間が短縮される可能性があります。

## 2 「過誤又は過失がないこと」

「過誤又は過失がない」として、資格停止期間の取消が認められるためには、①規則違反につき、自己が知らずまたは推測もせず、かつ、最高度の注意をもってしても合理的には知り得ず、推測もできなかったであろうこと、②どのようにして体内に禁止物質が入ったか（詳細は第5編10以下で述べます。）、の2点を、アスリートが証明しなければなりません。

ただし、「過誤又は過失がない」と認定されるのはきわめて例外的な場合にかぎられます。

過去に、以下の事案があります。

- ライバル選手が、アスリートのドリンクボトルから離れていた時間を利用し、ドリンクボトルの中に禁止物質を含むステロイドを混入させた事案（規律パネル決定 2017-002）
- ナイトクラブで知り合った女性と接吻した結果として禁止物質が検出されたアスリートが、当該女性が禁止物質を服用していたことを知り得なかった事案（CAS2009/A/1926&1930）

- 禁止物質の該当性について、国内競技連盟内部の委員会に所属する医師に対して照会する制度が構築されていた場合において、当該医師がアスリートからの照会に対して誤った情報を提供し、その結果としてアスリートが禁止物質を使用したという事案（規律パネル決定 2007-005、同決定 2007-007）

## 3 「重大な過誤又は過失がないこと」

「重大な過誤又は過失がない」と認められるためには、①事情を総合的に勘案し、過誤または過失がないことの基準を考慮したときに、当該アスリートの過誤または過失が重大なものでなかったこと、②どのようにして体内に禁止物質が入ったか（詳細は第5編10以下で述べます。）、の2点を、アスリートが証明しなければなりません。「過誤又は過失がないこと」と同様に立証は容易ではありませんが、さまざまな事情を考慮して判断されるため、事案の内容に応じて資格停止期間の短縮につながる可能性があります。

なお、汚染製品（第2編3参照）については、ドーピング・コントロール・フォームに申告していた場合には、過誤の程度を評価するにあたってアスリートに有利となるとされており、日頃から使用している製品をアスリート自身が把握しておくことが重要です。

過去に「重大な過誤又は過失がないこと」が認められた事案は以下のとおりです。

- アスリートの離席中に、配偶者がアスリートのコップを用いて禁止

物質を含む薬を服用し、アスリートがそれを知らずに同じコップを用いて水を飲んだ結果、禁止物質等を摂取してしまった事案（CAS2006/A/1025）
- 使用したサプリメントを服用し禁止物質等が検出された場合において、インターネット検索等により、調査をしてサプリメントの成分に禁止物質が含まれていないことやサプリメントの製造会社が信用ある機関の認証を受けていること、サプリメントの使用による規則違反事例が存在しないことを確認している事案（JSAA-DP-2016-001）
- 体調不良を原因としてアスリートが受診した医師から処方された薬を申立人が服用したことで、禁止物質が摂取された事案において、当該アスリートがドーピング検査の経験がない未成年であったこと、当該アスリートの母兼指導者が体調改善および薬の摂取にあたって主導的な役割を果たしていたことなどから、アスリートが、医師が処方し、アスリートの母兼指導者から自らに渡された処方薬には禁止物質が入っていないものと信じ、本来禁止物質の摂取を避けるために通常取るべき行為を怠ったとしてもやむを得ない状況であったといえ、通常とは異なる例外的状況が存在したと判断した事案（JSAA-DP-2017-001）
- アスリートがサプリメントを摂取するにあたって、当該アスリートが検索エンジンを用いてサプリメントの評価を確認したものの、これについて否定的な見解はみつからず、また、サプリメントのラベルに記載された成分名について、インターネットで確認された成分表を基にインターネットで逐一調査を行ったがやはり禁止物質の存在を確認できなかったので、当該サプリメントを摂取し、結果として禁止物質等が検出された事案（規律パネル決定2017-001）
- アスリートが、競技会より2カ月以上前に、当該アスリートの婦人科系疾患の治療のために行った手術後の処置として行われた注射に

より、禁止物質等が検出された事例において、当該アスリートにおいて疾患の治療に当たって自己のプライバシーを重視しようとした行為は、疾患の性質を考えるとやむを得ないなどとした事案（規律パネル決定 2017-005）
- 過去に国際大会に出場し、その際には親権者の支援のもとで、TUE 申請を行っていた未成年（19 歳）のアスリートについて、親元を離れて大学進学後に出場した国内での競技会には TUE 申請が必要ないと誤解していた結果、治療を通じて禁止物質等が検出された事案（規律パネル決定 2017-006）

以上のように、個別具体的な事情に基づき判断されており、どのような場合に「重大な過誤又は過失がないこと」が認められるか一概にはいえませんが、過去の事例をみると、禁止物質の摂取方法や時期、量、目的、アスリートに禁止物質摂取を避ける期待可能性、専門家への確認やインターネット検索等などよる摂取にあたっての調査などの要因を考慮して判断されている傾向がうかがえます。

【参照 JADA 規程】10.4、10.5、付属文書 1 定義「過誤又は過失がないこと」、「重大な過誤又は過失がないこと」

# 10 「体内に侵入した経路の立証」とは何ですか?

## 1 体内侵入経路とは?

　JADA規程上、18歳未満の者の場合を除き、採取した尿や血液に禁止物質等が存在した場合には、アスリートは「禁止物質がどのように自らの体内に入ったか」についても証明しなければならないとされています。ここにいう「禁止物質がどのように自らの体内に入ったか」は「体内侵入経路」と呼ばれています。アスリートがアンチ・ドーピング規則違反を問われた場合、サプリメント、薬、飲料等の口にするものにかぎらず、ローション、オイル、毛生え薬、目薬などの皮膚に塗るもの等、無数の可能性の中から、体内侵入経路を特定しなければなりません。

## 2 体内侵入経路の立証の重要性

　ドーピング検査において陽性反応が検出された18歳以上のアスリートについて、非特定物質（第2編3参照）が検体から検出された場合は、「意図的でないこと」の証明責任がアスリートに課せられます。そして、アスリートが、違反が意図的ではなかったことを証明できたときは資格停止期間が2年間となる一方で、その立証に失敗したときは資格停止期間が4年間になります（第5編7参照）。したがって、アスリート

にとって体内侵入経路の証明方法を知っておくことは非常に重要です。

# 3 体内侵入経路の証明方法

「証明」とは、証拠を示して事実関係をはっきりさせることをいいます。

ドーピング検査において陽性反応が出た場合、アンチ・ドーピング規律パネルによる審理手続の中で体内侵入経路を特定し、証拠を示して事実関係をはっきりさせるための方法は、非常に厳密なものが要求されています。

単にドーピングをしたことについて「知らない」と主張し、これを裏づけるアスリートの証言がある場合やドーピングを行う動機または機会が存在しなかったと主張してこれを裏づける証言がある場合でも、体内侵入経路の証明としては不十分です。

体内侵入経路の証明ができた一例として、アスリートが医師の処方箋に従って風邪薬を服薬したところ、その風邪薬に禁止物質が含まれていたとして、風邪薬を「特定」したうえで、風邪薬の名称や含まれる成分を証拠として提出した場合が考えられます。ただし、サプリメントなど、含有成分の内容が明確でないものの場合は、民間の検査機関において検査を実施した結果を証拠として提出することが必要になることもあります。実際に証明が成功した事例は第5編11を参照してください。

いずれにしても、常日頃から薬を飲む際には（それが仮に医師による処方だったとしても）含有成分に禁止物質が含まれていないかをチェックすることはもちろん、万が一陽性反応が出たとしても、体内侵入経路を突き止めやすくするため、自分が口にしたものや体に塗ったものを意識して記録しておきましょう。

【参照JADA規程】付属文書1 定義「過誤または過失がないこと」「重大な過誤又は過失がないこと」

# 第5編 11 「体内に侵入した経路の立証」が成功したとされるのはどのような場合ですか?

## 1 体内侵入経路の証明に成功した事例

　具体的にどのような状況下であれば体内侵入経路の証明に成功したといえるかについては明確な基準が定められているわけではありません。
　以下、体内侵入経路の証明が成功した具体例を紹介します。

- アスリートの妻が禁止物質を含む薬をコップで服薬した後に、それを知らずにアスリートがそのコップで水を飲んだことが体内侵入経路であると認定された事例（CAS 2006/A/1025）
- コカイン常習者であったことが証明された女性と、多数回キスを行ったことによりコカインがアスリートの体内に侵入したと認定された事例（CAS 2009/A/1926&1930）
- 友人からすすめられた飲料ボトルに禁止物質が含まれていたと認められた事例（SDRCC DT 15-0233）
- WADA認定の分析機関に対して、サプリメントの検査を依頼したところ、サプリメントから原因物質が検出され、そのサプリメントの摂取が体内侵入経路であると認められた事例（JSAA-DP-2016-001）

## 2 体内侵入経路の証明に成功しなかった事例

　体内侵入経路の証明に成功しなかった事例として、以下のような事例があげられます。「1　体内侵入経路の証明」に成功した事例と比較しておくと有益でしょう。

- インターネット経由で購入した薬の名称・成分等を覚えていないということを理由に、禁止物質の体内への侵入経路の証明がなされていないと判断された事例（CAS 2009/A/1802）
- ディスコで他の客からタバコをもらって吸ったがタバコにコカインが含まれていたとの主張のみでほかにそのことを裏づける証拠が提出されなかったため、体内侵入経路についての証明がなされていないとされた事例（CAS 2006/A/1130）
- 与えられたチョコレートにコーチの手により禁止物質が混入させられていたとの主張のみで、どのようにしてコーチがチョコレートに禁止物質を入れたのか明らかにされず、本来処分されるべきコーチに対して何らの処分も下されていない場合には体内侵入経路に関する証明は不十分であるとした事例（CAS 2007/A/1395）
- 疲労回復のための注射をするために使用済注射器を知人から借り受け、これに禁止物質が入っていたと主張したものの、それ以上に具体的な主張や証明がなされず体内侵入経路に関する証明は不十分であるとされた事例（SR/0000120256）
- 外国で購入したサプリメントなどによる混入が禁止物質の体内侵入経路であることを主張したが、それ以上に具体的な主張や証明がなされず体内侵入経路に関する証明が不十分とされた事例（SDRCC DT 15-0225）

## 第5編 12 日本では、実際にどのような処分がなされ、どのように公表されていますか?

## 1 処分の公表方法

　日本アンチ・ドーピング規律パネル(以下「規律パネル」)の決定によって処分がなされた事件については、JADAのウェブサイト上で決定内容が公表され、一定期間掲載されます。ただし、未成年者に対する処分は公表されません(http://www.playtruejapan.org/disclosure/panel/)。

　また、JSAAで争われた事件については、JSAAのウェブサイト上で、仲裁判断の内容が公開されています(http://www.jsaa.jp/award/index.html)。

　過去の事件における処分の経緯や判断に至った事情は、発生した事件(アンチ・ドーピング規則違反)の見通しを考えるうえでは非常に重要な情報となります。ところが、処分を受けた者のプライバシー保護の観点から、掲載から一定期間経過しかつアスリートが資格回復した事案、および掲載から一定期間経過しかつ資格停止期間中にアスリートが引退した事案について、アスリートの氏名および決定文が削除されることとなっています。その場合も、決定期日や競技種目、違反内容および検出

〈公表されているアンチ・ドーピング規律パネル決定の年度ごとの件数(2018年8月時点)〉

| 年度 | 件数 | 年度 | 件数 |
|---|---|---|---|
| 2007 | 7 | 2013 | 6 |
| 2008 | 11 | 2014 | 6 |
| 2009 | 3 | 2015 | 8 |
| 2010 | 5 | 2016 | 5 |
| 2011 | 6 | 2017 | 6 |
| 2012 | 8 | 2018 | 1 |

された禁止物質、ならびに制裁の内容は、別途、一覧表に掲載が続けられることとなっています。

## 2 処分の件数

2007年度以降に出された規律パネルの決定の数は、71件です（2018年8月時点）。

大半（71件中68件）はJADA規程2.1（アスリートの検体に、禁止物質またはその代謝物若しくはマーカーが存在すること）の違反を理由としたものですが、JADA規程2.3項違反（検体の採取の回避、拒否または不履行）で処分されたものが1件（規律パネル決定2012-009、テコンドー、資格停止2年間）、JADA規程2.4（居場所情報関連義務違反）で処分されたものが1件（規律パネル決定2015-006、ボディビル、資格停止4年間）、JADA規程2.8違反のうち「競技会（時）において、アスリートに対して禁止物質若しくは禁止方法を投与すること」として処分されたものが1件（規律パネル決定2017-004、カヌー、資格停止8年間）あります。

JADA規程2.1違反の事件についてはいずれも、競技成績は失効しています。JADA規程の改定がなされているため、資格停止期間の長短を単純に比較することはできませんが、どのような事情があると資格停止期間の短縮につながるのか、どのような場合に過誤または過失なしとして資格停止期間を取り消されるのか、といった点において、過去に出された規律パネルの決定は大変参考になります。

【参照JADA規程】2.1、2.3、2.4、2.8、9、10.1、10.5.1、10.8

# 13 アンチ・ドーピング規律パネルの決定に対して、不服申立てはできますか?

## 1 JSAAまたはCASに対して不服申立てが可能

　公益財団法人日本スポーツ仲裁機構(以下「JSAA」)は「ドーピング紛争に関するスポーツ仲裁規則」を制定しています。アスリートは、同規則に基づいて、規律パネルの決定に対してJSAAに不服申立てをすることができる場合があります。

　ドーピング検査の結果、陽性反応が出た場合、規律パネルが制裁措置を決定しますが、この決定やこの決定に基づく競技団体の決定に不服がある場合の紛争が主に対象となります。また、規律パネルによる制裁措置が軽すぎるなど不適切であると考えられた場合に、JADAが、JSAAに不服申立てをすることもあります。

　国際競技大会における競技会で発生した事件等に関しては、国際競技連盟(IF)の規律パネルや裁定委員会で一次判断がなされますが、この場合はJSAAに不服申立てをすることはできず、スポーツ仲裁裁判所(CAS)(所在地:スイスローザンヌ)にのみ不服申立てをすることができるとされています。また、世界アンチ・ドーピング機構(WADA)やIFも不服申立てをすることができ、この場合もCASで争われることになります。

## 2 JSAAに対する不服申立てに必要な手続き

　まず、仲裁を申立てるためには仲裁申立書を規律パネルによる決定の受領日から21日以内にJSAAに提出する必要があります。さらに、申立書の提出期限満了日から10日以内に申立趣意書(自分の主張内容を詳しく書いた書面)を提出する必要があります。

　仲裁を申立てるためには、申立時に申立料金5万円(税別)を支払う

必要があります。仲裁規則に定められた手続費用以外の費用（仲裁人への報償金等）は一切負担する必要はありませんが、体内侵入経路の立証のためのサプリメントの検査費用等についてはアスリートが負担しなければならないこともあります。

# 3 仲裁手続

　原則として、各当事者がそれぞれ仲裁人を1名ずつ選びます。選ばれた2名はさらに1名（仲裁人長）を選び、合計3名で仲裁パネルが構成されます。

　仲裁人が選任され仲裁パネルが構成されると、各当事者の主張を記した書面のやりとりが数回行われ、その後、審問（仲裁パネルの前で主張を述べ、証人尋問等を行う手続）が実施されます。原則として審問は1回だけ開かれることとなっています。なお、仲裁手続は非公開で行われます。

　代理人をつける場合、原則として代理人（弁護士）の費用は自己負担です。ただし、一定の条件の下、1事案1当事者につき30万円（税別）を上限として手続費用の支援制度が受けられる可能性があります。

　仲裁判断は、審理が終わった日から原則として2週間以内に下されます。仲裁判断は最終的なものであり、当事者を拘束します。アスリート側からさらに不服を申立てることはできません。なお、下された仲裁判断は、個人名等を除き、原則として公開されることになっています。

【参照 JADA 規程】13.2

# 14 JSAAとはどのような組織ですか?

## 1 JSAAとは

　JSAAとは、正式名称を「公益財団法人日本スポーツ仲裁機構」といい、英語名称の「Japan Sports Arbitration Agency」の頭文字をとって「JSAA」と呼ばれています。2003年に設立されました。

　JSAAは、スポーツ関連紛争（以下「スポーツ紛争」）を、仲裁・調停という紛争解決手続を利用して解決する場を提供します。

　スポーツ紛争のうち、スポーツ仲裁の具体例としては、以下のようなものがあげられます。

①代表選手選考
②アスリート・コーチ・監督・チームへの処分
③アンチ・ドーピング規則違反に関する紛争

　スポーツ紛争の特殊性としては、①迅速な解決が求められること、②高度な専門性が必要とされる場合があること、③安価に争いを解決するための手続が必要とされることなどがあげられます。すなわち、差し迫った大会日程の関係で1週間以内（場合によっては数日以内）に結論を出さなければならないケースもあります。また、スポーツ紛争においては相当高度な専門知識が必要とされますし、資金面の不安から泣き寝入りしてしまうアスリートも少なからず存在します。こうしたニーズに応えるのが、スポーツ仲裁なのです。

　なお、裁判所に訴え出ること自体は可能ですが、スポーツ紛争については裁判になじまないとして裁判所に訴えを受け付けてもらえない場合も多く、基本的には裁判の方が時間がかかりますから、裁判をしている間に出場したい大会が終わってしまうことも考えられます。

そこで、スポーツ紛争においては、裁判とは別の仲裁や調停という手続により解決を図る方が適切な場合が多いといえます。JSAA が提供する手続きを利用した紛争解決事例も近年増加の一途をたどっています。

## 2 具体的に提供している手続の種類

　JSAA は、仲裁手続（対象となる紛争、当事者、手続費用の点で異なる4類型がある）と調停手続（まずは中立的な第三者のもとで話し合いを行い、事実の確認や和解をしたいという場合）を提供しています。

　仲裁は仲裁人により仲裁判断が下されると、当事者を拘束する効力が発生しますが、調停は調停人が解決案を提示したとしても、その解決案を必ずしも受け入れる必要がない点で両者は異なります。なお、アンチ・ドーピング規則違反に関する紛争については、調停手続は利用できませんのでご注意ください。

〈 JSAA が提供する手続の種類 〉

**仲裁**
- ①スポーツ仲裁規則
- ②ドーピング紛争に関するスポーツ仲裁規則
- ③特定仲裁合意に基づくスポーツ仲裁規則
- ④加盟団体スポーツ仲裁規則

**調停**
- 特定調停合意に基づくスポーツ調停（和解あっせん）規則

出所：JSAA ウェブサイトより引用

## 3 仲裁人について

　仲裁手続において事案を判断する仲裁人は、原則として JSAA が作成している仲裁人候補者（スポーツ法に関する知識を有する法学者または弁護士等）のリストの中から選ばれ、公正中立な第三者が対応し、紛争の解決を図っています。

##  アンチ・ドーピング規則違反に対応するための費用

　アンチ・ドーピング規則違反が疑われるアスリートが、日本アンチ・ドーピング規律パネル、JSAAにおいて処分を軽減するために争う場合、大まかに以下の①〜④の費用がかかります。

①B検体の検査費用

　日本アンチ・ドーピング規律パネルに至る前の段階で、アスリートがB検体の検査を要求する場合、その費用はアスリートが負担することになります。具体的な金額は公表されていませんが、10万円程度とされているようです。

②分析費用

　複数のサプリメントの摂取によるアンチ・ドーピング規則違反が疑われる場合、禁止物質が含まれたサプリメントがどれであるかを突き止める必要があります（体内侵入経路の特定）。そのためには、サプリメントの分析が必要となります。その分析には海外の分析機関を用いることが多く、1つのサプリメントを分析するだけでも5万円以上かかった例があります。

③不服申立手続費用

　アスリートが、日本アンチ・ドーピング規律パネルにおける審問を受ける場合には、アスリートがその費用を負担する必要はありません。

　日本アンチ・ドーピング規律パネルの判断に不満があり、JSAAに不服を申し立てる場合、申立料金は5万円（税別）であり、これ以外に手続費用または仲裁人の報酬を支払う必要はありません。

④弁護士費用

　アスリートがアンチ・ドーピング規則違反に対応する際、アンチ・ドーピングのルールを熟知した弁護士を代理人とすることもできます。ただ、弁護士費用の額は一概にはいえないものですので、個別に弁護士に問い合わせる必要があるでしょう。

　なお、JSAAにおいて仲裁を行う場合は、手続費用支援制度を利用できる場合があります。この制度を利用すれば、1事案1当事者につき30万円（税別）まで弁護士費用として援助を受けることが可能な場合があります。

# 第 6 編

# 事例の解説

# 第6編 1 自分が対象者とは知らずに

## 1 事案の概要

　2012年4月29日に岩手県八幡平市において開催された「2012年全日本自転車競技選手権大会ロード・レース」(以下「本レース」)に参加したある選手が、本レースのドーピング検査の対象者とされたにもかかわらず、検査を受けなかったことがアンチ・ドーピング規則違反に問われた事案について、日本アンチ・ドーピング規律パネルは、当該選手について、規則違反があったとは認められないとの決定を下しました(原決定)。

　この決定について、JADAが2年間の資格停止を求めて、JSAAに対し、仲裁申立てをしました。

## 2 ドーピング検査を受けなかった経緯

　この決定で規則違反に問われた選手は、財団法人(現・公益財団法人)日本自転車競技連盟(以下「JCF」)に選手登録を行ってわずか2年ほどの市民レーサーで、競技レベルも決して高くなく、JCFやJADAからアンチ・ドーピング研修を義務づけられたこともありませんでした。

　本選手は、JCFが開催した本レースに、所属するクラブチームのメンバー3名とともに参加しました。レースは、午前8時にスタートし、1周15.8kmのコースを16周し、252.8kmを走行するもので、スタートからゴールまで約7時間を要する自転車ロードレースの中でも、走行距離の長いレースの1つです。

　本選手は、「男子エリート」部門に参加したものの、スタート後間もなく発生した落車事故に巻き込まれた影響もあり、2週目を終えた段階で(午前9時前)失格(DNF)となりました。そのため、レース終了を待

たずに午後1時44分ころに競技大会会場を後にし、120kmほど離れた一ノ関駅まで自転車で向かいました。

その後、午後2時29分にドーピング検査対象者が発表され、本選手は対象者の一人に選出されました。なお、発表は、JADA車両、フィニッシュ地点、コミュニティボードの3地点でフランス語で掲示され、出場者自身が対象者を確認して、自らシャペロンが待機している場所またはドーピング検査を行う施設に出頭することを義務づけていました。

しかし、掲示がなされた時点で、本選手はすでに帰宅の途についていたため、所属チームのメンバーが同選手への連絡を試みましたが、連絡がついたころにはすでにドーピング検査は終了しており、本選手は検査を受けられませんでした。

JADAは、検査対象者の掲示がなされる前に帰路についたために、検査を受けられなかったことは、ドーピング検査拒否（JADA規程2.3）にあたるとして2年間の出場停止処分となると主張しました。

## 3 「通告」とは

当時のJADA規程2.3は、「通告」を受けた後にやむを得ない理由によることなく検体の採取を拒否、あるいは行わない行為を規則違反としていました（同項は2015年版JADA規程で若干改定されていますが、結論に影響はないものと考えられます）。

JADA規程上は、「通告」の定義はないものの、DCOまたはシャペロンが能動的にアスリートに直接接触する形を想定しています。

　もっとも、自転車のロードレースは、競技が広範囲にわたって実施されるため、DCOまたはシャペロンがアスリートに直接接触する形で通告することが困難な場合もあることから、国際自転車競技連合（UCI）やJCFの規則では、出頭要請されるアスリートのリストを掲示することをもって「通告」とする旨の内容が定められていました。

## 4 仲裁パネルの判断

　以上を前提に、本レースにおけるドーピング検査で採用された通告方法（検査対象者を掲示し選手に出頭義務を課す方法）が、有効な「通告」であるとして、本選手が検査を受けなかったことは規則違反として処分されなければならないのでしょうか。

　確かに、アンチ・ドーピング規則はホームページ上に公開されていて誰でも閲覧は可能です。また、本選手は、本レースに出場するにあたってルールに従う旨の誓約書を書いていました。しかし、いったいどこまで理解して誓約書を提出していたのでしょうか。

　仲裁パネルは、この通告方法について、WADA規程やJADA規程が定める通告よりもアスリートに対して負担の重い内容であるとしつつも、ロードレース競技が広域にわたって実施される態様であることを踏まえ、アスリートが通告方法を現に理解し、または理解することが合理的に期待されるのであれば、有効な通告方法であると認められるとしました。

　しかしながら、仲裁パネルは、違反に問われた選手の競技歴やJCF登録後のドーピング検査に関する知見を得る機会の有無や頻度等から、当該選手において積極的に知見を得ようとしないかぎり、ドーピング検査の概要等については理解できたとしても、選手に出頭義務があること、かかる義務は棄権または失格となった選手にも課されることを理解することは困難であるとして、有効な通告があったとはいえないと判断し、原決定と

同様に、当該選手に検査拒否があったとはいえないと結論づけました。

## 5 市民アスリートの増加とアンチ・ドーピング

近年、マラソンや自転車、トライアスロンなどを中心に、いわゆる市民アスリートが増えています。市民アスリートは、ドーピング検査を受ける機会などほとんどなく、まさか失格者までドーピング検査の対象となることなど、想像もしていないと思います。

今回紹介した事案は、個別の事案であって、市民アスリートだからといって、常に同じ結果（アンチ・ドーピング規則違反ではない）になるとは限りません。

トップアスリートに混ざって市民アスリートが多数出場する競技会において、失格者であってもドーピング検査の対象となり得ること、ドーピングの検査対象者の掲示方法、検査対象者となったらどこにいくべきか、検査を受けるにあたっては、何をしてもよくて何をしてはダメなのか、どのようにしてドーピング検査の方法を周知するかについて、本仲裁判断は一石を投じるものであったといえるでしょう。

## 6 仲裁判断後の対応

本仲裁判断が出た後、JCFおよびJADAは、速やかに大会要項の記載を改訂し、JCFの競技者登録の申込書類にドーピング検査に関する留意事項を掲載しました。また、アンチ・ドーピング講習会で失格者であっても検査対象者になり得ることを説明するようになりました。

こうした競技団体やJADAの対応は、不正を働く気がないのに、知識がないために規則違反に問われてしまうアスリートをなくすという観点から、高く評価されるべきだと思います。

【参照JADA規程】2.3

# 2 どのようにして禁止物質が体内に入ったのか

## 1 事案の概要

2016年9月25日の競技会検査において、サッカー男子選手の尿検体から「メチルヘキサンアミン」が検出された事案で、当該選手に対する制裁措置の内容が争われました。

## 2 禁止物質の体内侵入経路特定の難しさ

自身の尿検体から禁止物質が検出されればアンチ・ドーピング規則違反は免れません。ただし、規則違反に付随して課される資格停止期間については、自らに過誤・過失がないこと、または重大な過誤・過失がないことを証明した場合に、短縮されることがあります（第5編9参照）。

この場合、18歳以上のアスリートは、その禁止物質がどのように自分の体内に入ったかを証明する必要があります。

また、尿検体から検出された物質が非特定物質であった場合には、原則として4年の資格停止期間が課せられ、これを2年に減らすためには、「意図的でないこと」をアスリートが証明する必要があります。この証明においても、やはり、どのようにして禁止物質が自分の体内に入ったのかの証明は必須あるいは非常に重要な要素とされています。

第6編3で取り上げる事案では、エリスロポエチンという禁止物質が選手の尿検体から検出されました。当時、エリスロポエチン製剤は経口摂取（口から食べる、飲むこと）ではなく、皮下注射により投与されるものでした。このため、皮下注射をした診療録等客観的な記録でどのようにして自分の体内に入ったかを証明することが可能でした。

これに対して、経口摂取あるいは経皮摂取（皮膚から浸透すること）

により禁止物質が体内に取り入れられた場合には、いつどのように体内に入ったかを証明することが困難となります。

たとえば、皆さんはここ1週間で口にしたものを正確に記憶しているでしょうか。

この事案で問題となったメチルヘキサンアミンは興奮薬とされていますが、植物のゼラニウム油などに天然に含まれていて、サプリメントにも使用されていることから、経口摂取で体内に入る可能性があります。

## **3** どのように証明するか

まずは、禁止物質が入っている可能性のあるもので、日常的に摂取している食事やサプリメントなどを疑います。

次にリストアップした禁止物質が入っている疑いのあるものの中に禁止物質が混入しているか検査をして明らかにする必要があります。これは当然のことながら専門的な分析機関に委ねなければなりません。こうした分析機関をみつけ、交渉を経て、ようやく分析を委ねることができます。ここまででもアスリート自身で行うにはかなりハードルが高くなります。さらに、無償で分析をしてもらえるわけではなく、1物質あたり数万円の分析料を払うこととなり、検査対象物質が多いほど経済的負担がかかります。

さらに、口にしたものの中から禁止物質が検出されなければ、普段身につけていて、禁止物質が入っている可能性のある香水、シャンプーやボディオイルなどの経皮摂取を疑う必要もあります。

こうした分析により、ある物質から禁止物質が出たのであれば、当該物質の摂取によって禁止物質がアスリートの体内に入ったのであろうという推測が可能となります。

しかしながら、禁止物質の効果は摂取時のまま持続するものではありません。時間の経過とともに効果は薄れていきます。そうすると、検出された禁止物質の量と、摂取時期および摂取量と尿検体の採取時までの

期間ならびに当該期間からから推定される禁止物質の血中の濃度とが近似しているかどうかも検討する必要があります。

　エリスロポエチンが検出された事案では、この点も問題となりました。エリスロポエチンの血中半減期は 22.4 時間であり、約 1 カ月後の検査で検出されるものではなく（単純計算で血中残存割合は 0.0000001％ となる）、尿検体から検出されたエリスロポエチンは別の機会（医師による皮下注射ではない）に投与されたものである、との主張が JADA からなされました。

　ドーピング検査結果において多くの禁止物質は検出量まで出るのが通常ですが、当時、エリスロポエチンの検査結果は、体内に入っているか否かという結論だけで、検出量までは出ていませんでした。このため、この事件では、血中半減期を裏づける根拠となった検査結果において個体差があることなどをアスリートが主張しました。

　また、食事やサプリメントの分析にあたっては、体内で代謝することにも注意を払う必要があります。つまり、尿検体から検出された物質と、食事やサプリメントに入っていた物質は同じとはかぎりません。代謝の仕組みを理解したうえで、食事やサプリメントにどのような物質が含まれている可能性があるのかを、特定する必要があります。

　このように禁止物質がいかに体内に入ったかを証明することは困難であり、専門家である医師や弁護士等の協力が不可欠となります。

# 4 検査精度の向上

　この事案では、最終的に禁止物質を含むサプリメントが特定されたことから、体内への侵入経路を証明することができました。

　しかし、こうした結論に行きつくには、上記で述べた経口摂取および経皮摂取をしていた物質を分析する費用と労力を要しました。

　最終的に特定された禁止物質を含むサプリメントは、チームが所属選手に摂取を推奨していた米国製のサプリメントでした。このチームでは、約10年間にわたって当該サプリメントを複数の選手が使用していましたが、ドーピング違反者は出ていませんでした。そもそも、このサプリメントを採用するにあたって、チームは、チームトレーナーを通じて製造業者および輸入元に成分を確認し、禁止物質が入っていない旨明確な回答を得たうえで、チームドクターが承認して採用したものです。製造業者も米国食品医薬品局（FDA）に登録しており、当該サプリメントのパッケージにも「この製品はドーピング規定に違反する成分は一切使用していません」という文言が明記されていました。

　こうしたサプリメントから禁止物質がなぜ検出されたのでしょうか。考えられる理由としては、①ドーピング検査精度の向上、②製造過程での汚染（コンタミネーション）です。

　この事案と同じ時期に、2008年の北京オリンピックで4×100mリレーで金メダルを獲得したジャマイカのリレーチームの一員である陸上選手の尿検体が再検査され、メチルヘキサンアミンが検出されてドーピング違反に問われました。過去の検査時に検出されなかった禁止物質が、再検査時に検出されたということは検査精度が向上したものと推測されます。以上を踏まえると長年使用しているサプリメントであっても、検査精度の向上を踏まえて、疑いの目を抱き、定期的にチェックすることが重要です。

## 5 アスリートに対する資格停止期間

　メチルヘキサンアミンは特定物質であり、アスリートが意図的に使用したことを JADA が証明しないかぎり、1 回目の違反の場合は資格停止期間は 2 年が上限とされています。

　そして、アスリートが特定物質を摂取したことについて過誤・過失がないことを証明すれば、資格停止期間は課されません。また、過誤・過失がないことを証明できない場合でも、重大な過誤・過失がないことを証明できれば、資格停止期間をともなわないけん責から最長 2 年間の資格停止の間で処分が決まります。

　本事案では、アスリートの厳格責任（自ら口にしたものに責任を負う）から過誤・過失がないとは認められないとされました。しかし、チームが慎重な手続を経てサプリメントを推奨し、長年複数のアスリートが使用しており、違反者が出ていなかったこと、サプリメントのパッケージに禁止物質を含まない旨明記されていたこと、ドーピング検査時に当該サプリメントを使用していることを自己申告していること、チームとしてドーピング違反とならないようアスリートに対してチームが推奨したサプリメント以外に摂取しないことを徹底していたことなどが考慮された結果、重大な過誤または過失はないとされ、資格停止期間を伴なわないけん責となりました。

　この事案に続いて、同じくサプリメントが原因で違反に問われた自転車選手のケースは、規律パネルの判断の際には、どのようにして体内に禁止物質が入ったか特定できず、4 年間の資格停止とされました。しかし、これを不服として JSAA に申立てを行ったところ、審理の過程で分析を行った結果、原因となったサプリメントの特定に成功しました。そして、過去のドーピング検査において、当該原因となったサプリメントを摂取しながら陰性であったという事実が重視され、4 カ月の資格停止に変更されました（JSAA-DP-2016-001）。

「譴責」と「4カ月の資格停止」と差を分けた理由としては、アスリートとしてやれるべきことをしつくしたが、行うべきことを行っても、サプリメントに禁止物質が入っていることを知り得なかったかどうか、という点にあると思われます。
　サプリメントのドーピング違反の危険性は指摘されています。処分に至るまで選手には暫定的資格停止が課されており、数カ月間はチームでの練習ができない状態に陥ります。最終処分後もすぐにチームに復帰できるコンディションに戻らないことも踏まえると、いったん規則違反に陥るリスクは大きいといわざるを得ません。サプリメントの危険性について改めて周知徹底させていく必要があります。

【参照 JADA 規程】2.1、10.1、10.2、10.4、10.5

## 3 医師に投与された薬により違反に問われたケース

## 1 事案の概要

2012年12月9日に開催されたホノルルマラソンに参加したマラソンの女子選手の尿検体から「エリスロポエチン」が検出された事案で、日本アンチ・ドーピング規律パネルは当該選手を1年間の資格停止としました（「原決定」）。

この原決定について、JADA が1年間の資格停止よりも長い2年間の資格停止を求めて、JSAA に仲裁申立てをしました。

なお、この事案は旧 JADA 規程（2009年改定のもの）のもので、1回目の違反の資格停止期間は最大2年間とされていました。

## 2 エリスロポエチンとは

エリスロポエチン（略称 EPO）は、主に腎臓で生成され、赤血球の産生を促進するホルモンで、正確には「recombinant human erythropoietin」（遺伝子組み換えエリスロポエチン）といいます。腎疾患により腎臓で生成される EPO が不足すると貧血となることから、EPO を補う貧血治療薬として、遺伝子組み換えによるエリスロポエチン製剤 EPO エチン α、EPO エチン β が販売されています。

この EPO は、赤血球を増加させ酸素運搬能力を高める目的でドーピングに使用されるため、禁止物質とされています。こうした EPO の効能から持久力が要求されるスポーツでドーピングとして用いられます。とくに自転車競技では違反が多く、ツール・ド・フランスを7連覇したランス・アームストロング元選手も EPO の利用で永久追放となっています。

# 3 スポーツドクターである主治医によるEPOの投与

　この選手は、陸上をはじめた中学時代から貧血に悩まされており、不定期に病院に通院して、貧血治療を受けていました。社会人となりマラソン競技に従事するようになってからも同様でした。

　競技活動の第一線から引退し、2009年4月にスポーツ用品会社に勤務し、マラソンを楽しむという活動スタイルとなりましたが、相変わらず貧血は続きました。会社の同僚の紹介で、会社のマラソンチームの選手がかかりつけの医師（日本スポーツ協会（当時は日本体育協会）のスポーツドクター）の診療を受けはじめました。

　同医師は、初診から3年ほど、鉄欠乏性貧血と判断して、経口摂取または静脈注射で鉄剤を同選手に投与していました。ある時、同選手が血尿を訴えたことから尿検査を実施、従前の検査結果よりも異常な所見を示す検査結果が出たことから、腎性貧血の可能性があると考えはじめました。

　同医師は、過去に腎臓の悪い患者に対し、EPOを投与した経験があり、同選手にもEPOを投与し、様子をみたうえで、今後の治療計画を立てようと考えました。

　2012年11月12日、同医師は、同選手に対し、腎機能低下による貧血の可能性があること、これまでの治療（鉄剤投与）を続けても肝臓に負担がかかり、ひいては腎機能を増悪することを説明しました。そのうえで、貧血のための注射をして様子をみることを説明し、EPOを使用することを告げず、同選手に注射をしました。同医師が同選手にEPOを使用することを告げなかった理由として、EPOの薬効を説明することが難しいこと、同選手はマラソンランナーであるものの市民ランナーであり、ドーピング検査の対象となり得ないと思ったというものでした。

　その約1カ月後の同年12月9日のホノルルマラソンでのドーピング検査で同選手の尿検体からEPOが検出されました。

## 4 何が問題となるか

　EPOを投与した医師は、日本スポーツ協会のスポーツドクターの資格があり、ドーピングに関して知識もあります。そして、EPOを投与する際に、同選手がドーピング検査の対象となり得ないであろうと思って、説明の難しい薬効についての説明を省き、薬の名称を告げていません。同医師の行為を法的に検討すれば、インフォームド・コンセントを十分に実施したとはいえません。さらに、同医師が腎性貧血の可能性があるとした判断も、遡及的 TUE 申請（第4編1参照）の場面において根拠が十分でないと判断されています。こうした事実から同選手は同医師の責任を問える立場にあったといえます。

　では、規則違反の場面では、こうした医師の責任はどのように判断されるのでしょうか。

　アンチ・ドーピングのルールに、アスリートの厳格責任というものがあります。具体的には、次の3点についてはアスリートに過誤・過失が認められるとされています（ただし重大な過誤・過失がないと判断されることはあるとされています）。

①ビタミンや栄養補助食品の誤った表記や汚染が原因となって検査結果が陽性になった場合（自らが摂取するものに関して責任を負わなければならない）

②アスリート本人に開示することなくアスリートの主治医またはトレーナーが禁止物質を投与した場合（医療従事者の選定について責任を負わなければならない。また、「自分は禁止物質を使用できない」ことを医療従事者に対して伝えなければならない）。

③アスリートの配偶者やコーチなど、アスリートが懇意とする者がアスリートの飲食物に手を加えた場合（アスリートは自分の飲食物への接触を許している人の行為についても責任を負わなければならない）

この事案では、資格停止期間を最大限課すべきか、軽減すべきかとい

う判断にあたって、アスリートの厳格責任が徹底されるのか、医師の責任が加味されるのかが主要な争点となりました。

## 5 分かれた判断

　規律パネルは、資格停止期間を半減し1年間としましたが、「仲裁パネル」は、原決定を変更し、当時の最大である2年間の資格停止としました。

　規律パネルが、医師の責任を加味し、アスリートには重大な過誤・過失がないとして1年に短縮したのに対し、仲裁パネルは、アスリートの厳格責任を徹底した点に、判断が分かれた要因があります。すなわち、「競技者は、医療関係者の選択に責任を有するとともに、自らに対する禁止物質の投与が禁止されている旨を医師に対して伝達しなければならないのであって、処方された薬に含まれるドーピング禁止物質について、個人的選択の範囲に属する医師の考え得る失敗は、競技者の個人責任を取り除くものではない」としています。仲裁パネルは、重大な過誤・過失がないとして資格停止期間を短縮できるのは、真に例外的な事情がある場合にのみであるとして、その適用範囲を限定したうえで、この事案における医師を選定した責任や明確に禁止物質を投与しないよう当該医師に伝えなかったことを重視し、真に例外的な事情がある場合に該当しないと判断しました。

　CASにおける類似の事案（チームドクターが薬の成分を告げずチームの所属アスリートに禁止物質を投与した事案・CAS2006/A/1133）では、重大な過誤・過失がないか否かは、事案の総合的な事情を勘案すべきとして、1年に短縮したものがあります。

　本事案では、アームストロングのドーピング違反事件等で大きな問題となっていたエリスロポエチンが検出されたことから、仲裁パネルは厳格な判断を行ったように思われます。

【参照 JADA 規程】2.1、4.4、10.1、10.2、10.5

ドーピング紛争に関するスポーツ仲裁事例の紹介

　ドーピング紛争に関するスポーツ仲裁事例を以下の表にまとめました。これらは、公益財団法人日本スポーツ仲裁機構のウェブサイトでも確認できますので、具体的な事案は同ウェブサイトをご覧ください。また、詳細な解説については、第6編1、3（108、118ページ）も参照してください。

| 事件番号 | 競技名 | 仲裁判断の要旨 | 問題となった違反理由（JADA規程） | 特定物質／非特定物質 |
|---|---|---|---|---|
| JSAA-DP-2008-001 | 自転車 | アスリートの申立てを棄却（資格停止期間1年） | 2.1 | 非特定物質<br>サルブタモール（2008年禁止表における「S3. ベータ2作用薬」） |
| JSAA-DP-2008-002 | 自転車 | JADAの申立てを却下（不服申立ての時点で、規律パネルの決定の日の翌日から14日を経過していた）<br>※現在の不服申立ての期限は21日以内である | ― | ― |
| JSAA-DP-2012-001 | 自転車 | JADAの申立てを棄却（アスリートにアンチ・ドーピング規則違反なし） | 2.3 | ― |
| JSAA-DP-2013-001 | 陸上 | 資格停止期間が1年間から2年間に変更された | 2.1 | 非特定物質<br>エリスロポエチン（2012年禁止表国際基準における「S2.ペプチドホルモン、成長因子及び関連物質」） |
| JSAA-DP-2016-001 | 自転車 | 資格停止期間は4年間から4ヶ月間に変更された | 2.1 | 非特定物質<br>1-テストステロン、1-アンドロステンジオン（2016年禁止表国際基準に定める「S1. 蛋白同化薬／1.蛋白同化男性化ステロイド薬（ASS）／a.外因性ASS」） |
| JSAA-DP-2017-001 | 水泳 | 資格停止期間は2年間から1年8か月間に変更された | 2.1 | 非特定物質<br>クレンブテロール（2017 年禁止表国際基準に定める「S1. 蛋白同化薬／2.その他の蛋白同化薬」）<br>特定物質<br>メチルエフェドリン（2017年禁止表国際基準に定める「S6. 興奮薬／b:特定物質である興奮薬」） |
| JSAA-DP-2018-001 | 自転車 | アスリートの申立てを棄却（JADAが、2018年7月23日付でアスリートに対して行ったTUE申請に対する却下判定を取り消すこと及びJADAがTUEを承認することをいずれも認めなかった） | 4.4 | 特定物質<br>ビランテロール（2018年禁止表国際基準に定める「S3.β2作用薬」） |

# 第7編
# アンチ・ドーピングの動向

# 1 世界では、どのような処分がなされていますか？ その1

　アンチ・ドーピング活動は、世界アンチ・ドーピング機構（WADA）が定める世界アンチ・ドーピング規程（WADA規程）の下で、世界で調和的に行われています。そのため、アスリートは、世界中で、同じWADA規程に準拠したアンチ・ドーピング規則の下で、競技をしています。

　すなわち、世界中のどのアスリートも、日本のアスリートと同じように、アンチ・ドーピング規則に定められた禁止行為を行ってはならない義務を負い、仮に違反があった場合は、制裁が課されています。

　WADAが公表したレポートによれば、2015年に全世界で採取された22万9412の検体のうち、1649の検体で、禁止物質やその代謝物が体内に存在するという典型的なアンチ・ドーピング規則違反が認定されています。

　2015年にアスリートが犯した、その他の類型の違反の件数は、以下のとおりです。

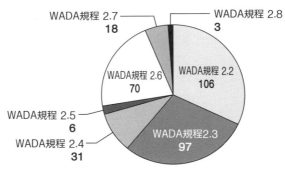

〈 アスリートによるアンチ・ドーピング違反の類型 〉

出所：2015 Anti-Doping Rule Violations Report より引用

こうした世界で起きているアンチ・ドーピング規則違反は、各国のアンチ・ドーピング規律パネルや国際競技団体、国内競技団体の規律パネルで認定され、処分されています。代表的な機関をいくつか紹介します。

①英国の UK-Anti Doping（UKAD）
　UKAD のウェブサイトでは、アンチ・ドーピング規則違反に対する処分が公表されています。UKAD のウェブサイトをみるかぎり、2017 年の違反事件として、2018 年 9 月 18 日現在、24 件の事例（アスリートに対する資格停止処分が続いているもの）が公表されています。

②米国の US Anti Doping Agency（USADA）
　USADA のウェブサイトでも、アンチ・ドーピング規則違反に対する処分が公表されています。USADA の 2017 年 1 月 1 日から 12 月 31 日までに公表された違反事件として、90 件の事例が公表されています。

③スポーツ仲裁裁判所（Court of Arbitration for Sport：CAS）
　CAS は、アンチ・ドーピング規則違反の終局的な紛争解決機関として、いわゆる第一審の決定の上訴審としての機能を果たしています。
　CAS において出された仲裁判断の一部は、CAS のウェブサイトにおいて「最近出された判断」、「過去のデータベース」の中で公表されています。

【参照 JADA 規程／WADA 規程】2.1 〜 2.10

## 2 世界では、どのような処分がなされていますか? その2

　WADA 規程の 2015 年改定後、全世界的に、WADA 規程 10.2.1、10.2.3 に規定された「意図的」に関する解釈が分かれている、という問題が生じています。この解釈の対立は、アスリートの体内から非特定物質が検出された場合、アスリートがどのようにすれば違反が「意図的」ではないことを立証できるのか、ということに関わります。

　2015 年初めごろに出された英国のアンチ・ドーピング規律パネルの決定例では、「否認の供述だけでは立証としては不十分であり、体内侵入経路を立証しなければ、違反が意図的でないとの立証に成功したことにはならない。」という判断が出ています。この考え方は、禁止物質がどのような経路で体内に入っているかが判明して初めて、違反が「意図的」か否かを判断できる、という考えに基づいています。

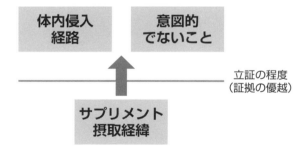

　確かに、体内侵入経路がわからなければ、違反が「意図的」か否かについての判断ができないのが通常であり、この考え方は一見合理性があるようにも思えます。しかし、たとえば、第三者から禁止物質を混入されたり、「禁止物質は入っていない」とラベルに記載されているサプリメントに禁止物質が混入していた場合、ドーピング検査で非特定物質が検出されたときにアスリートには体内侵入経路に全く覚えがない、という事態

が発生する可能性もあります。このような事態が生じ得ることを考慮すると、体内侵入経路の立証が必須とすべき要件なのか、疑問が生じます。

このような中、あるCASのパネルが、体内侵入経路の立証は要件ではないという立場に立ったうえで、アスリートが体内侵入経路の立証に成功していない場合でも、違反が「意図的」でないことを認め、アスリートの資格停止期間を、4年間から2年間にした事例があります（CAS 2016/A/4676）。すなわち、この仲裁判断が、「体内侵入経路の立証は要件ではない」という立場をとったため、アスリートは4年間の資格停止処分を免れたのです。

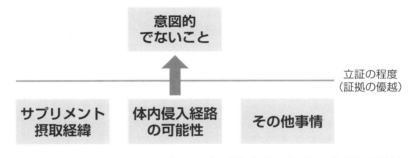

仮に、この事案で、CASのパネルが、「体内侵入経路は必須の要件」という立場だったとすれば、結論はどうなったでしょうか。

おそらくアスリートは4年間の資格停止処分を受けていたことになります。

WADA規程の目的の「適用の調和」という観点からすれば、どのパネル（違反を認定し処分内容を判断する機関）にあたるかでアスリートへの処分が変わるのはおかしいことです。

この「意図的」に関する解釈は、次のWADA規程の改定の際に、「体内侵入経路の立証は、必須の要件ではない」ということが明確になるよう改正がなされるべきだと思います。

【参照JADA規程／WADA規程】10.2.1、10.2.3

# 第7編 3 アンチ・ドーピングに関する世の中の動きはどうなっていますか？その1（コードおよび禁止表の改定）

## 1 コードの改正

　WADA 規程は、2003 年に制定され、その後 6 年ごとに改定がなされており、現在の 2015 年版 WADA 規程は、二度の改定を経てできた規程ということになります。

　WADA は、WADA 規程の改定にあたっては、コンサルテーション・フェーズを複数回設け、署名当事者、アスリート、サポートスタッフといった一般の人からの意見を受け付けています。一度のコンサルテーション・フェーズで出た意見を、規程の改定案に反映させ、再び意見を受け付けるということを行っています。

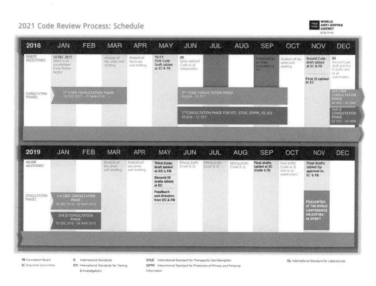

© WADA
出所：" 2021 Code Review Process：Schedule" WADA ウェブサイトより引用

すでに、2021年の改定に向けたコードレビューがはじまっており、現在は、最初のコンサルテーション・フェーズの期間です。

　コード・レビュープロセスの終了は、2019年11月を予定しています。そこから1年間ほどの周知期間を経て、2021年1月1日にWADA規程が改定される予定です。

## 2 禁止表の改定

　禁止物質や禁止表を定めている禁止表国際基準は、毎年1月1日に改定されます。

　WADAは、毎年9月から10月に、翌年1月1日から改定される禁止表国際基準を公表しているので、アスリート、サポートスタッフ、競技団体としては、必ず1月1日となる前に、次年に発効される禁止表国際基準を確認することが必要です。

　過去には、禁止表国際基準の改定に気づかず、前年まで禁止されていなかった物質を服用し、アンチ・ドーピング規則違反に問われたアスリートがいます。

　禁止表国際基準の改定をめぐり、トラブルもあったことから、アスリート、サポートスタッフ、競技団体としては、禁止表国際基準の改定には目を配っておくことが必要です。

© JADA
出所:「禁止表国際基準」(2018年1月1日発効) JADA
　　 ウェブサイトより引用

# 第7編 4 アンチ・ドーピングに関する世の中の動きはどうなっていますか？その2（インテリジェンス、刑事罰化）

　2015年1月1日にWADA規程が改定され、WADA規程中に新たに「ドーピング捜査」という概念が加わりました。また、「検査に関する国際基準」という基準の名称が改められ、「検査及びドーピング捜査に関する国際基準」となりました。

　「ドーピング捜査」とは、アンチ・ドーピング規則違反が発生したかを判定するために情報（インテリジェンス）や証拠を収集する目的で行われる活動をいいます。アンチ・ドーピング機関（ADO）は、ドーピング捜査によって取得した情報（インテリジェンス）を活用して、効果的なアンチ・ドーピング検査の計画を策定しています。

© JADA
出所：「検査及びドーピング捜査に関する国際基準」（2017年1月1日発効）
　　　JADAウェブサイトより引用

　2015年1月から「ドーピング捜査」という概念が加わった要因には、アンチ・ドーピング規則違反が巧妙・悪質化し、尿検体や血液検体の採取と分析では捕捉できない違反を捕捉するためといわれています。

この「ドーピング捜査」を有効なものとするうえでは、情報（インテリジェンス）の収集が非常に重要であり、警察や検察の強制捜査権限を使って情報（インテリジェンス）を収集できるかが鍵といわれています。
　ところが、わが国では、規則違反とされる行為は、薬物取締関係法令など既存の法令で取り締まられているものを除き、刑事罰の対象にはなっていません。そのため、現状の法制度を前提とすると、原則として、規則違反について、強制捜査権限を行使することはできません。
　オーストラリアやスイスなど、諸外国においては、すでに一部の規則違反が刑事罰の対象になっている国もあります。こうした国では、強制捜査権限を利用して、情報（インテリジェンス）を収集し、規則違反を取り締まることができます。
　2020年に東京オリンピック・パラリンピック大会を迎えるわが国でも、2018年6月に、「スポーツにおけるドーピング防止活動の推進に関する法律」（アンチ・ドーピング推進法）が成立しました。その中では、アスリートやサポートスタッフの責務が定められています。もっとも、アンチ・ドーピング推進法で定められているのはあくまでも「責務」であって、それに違反したからといって、刑罰を課されるわけではありません。いかにして、強制捜査権限といった「公権力の行使」を認めていくかは、今後の検討課題とされることがその附則に記載されています。
　その他、既存の個人情報の保護に関する法律、行政機関の保有する個人情報の保護に関する法律および独立行政法人の保有する個人情報の保護に関する法律の三法を利用した情報の共有についてもすでに検討がなされています。
　このように、わが国でも近い将来、情報（インテリジェンス）を活用した「ドーピング捜査」が現実的に実行される日が来ると思われます。

【参照 JADA 規程／WADA 規程】5

# 第7編 5 2018年4月1日から発効する「コード・コンプライアンス」に関する国際基準とは何ですか？

　2014年12月3日、ロシアアンチ・ドーピング機関の元職員ビタリー・ステパノワとその妻で陸上800メートルのアスリートであるユリア・ステパノワ（以下、両名を「ステパノワ夫妻」）は、ロシアにおける組織的なドーピング不正を告発しました。その後のWADAの複数の委員会の調査により、ロシアの陸上界およびソチ冬季オリンピックにおいて、組織的なドーピング不正が行われていたことが公表されました。

　とくに衝撃的だったのが、ソチ冬季オリンピックにおけるロシアの組織的ドーピング不正です。WADAのレポート（マクラーレンレポート）によれば、30種のスポーツで、大会で採取された尿検体の容器を開け、検体をすり替えるなど、580件のドーピング検査の結果が隠蔽されていたことが報告されています。

　ロシアのドーピング不正は、各国に衝撃を与えました。なぜなら、WADAの体制は、各国の署名当事者といわれるアンチ・ドーピング機関が、WADA規程や国際基準に従うことが前提とされており、そこが崩れた場合には、成り立たないものであることが露呈したからです。

　2016年のリオ・デ・ジャネイロ夏季オリンピックの終了後、WADAや各国のアンチ・ドーピング機関は、リオ後のアンチ・ドーピング体制の改革についての提言や声明を行いました。ロシアの組織的なドーピング不正や各提言、声明などを受け、WADAがとった今後の対策の1つが、「コード・コンプライアンス」の徹底です。

　WADAは、署名当事者等の意見を聴取したうえで、6つ目の国際基準として、「署名当事者のコード・コンプライアンスに関する国際基準」（ISCCS）を新たに策定し、この国際基準は、2018年4月1日から発効されています。

©WADA
出所:"CODE COMPLIANCE BY SIGNATORIES"(2018年4月1日発効)
　　　WADAウェブサイトより引用

　ISCCSの目的は、クリーンなアスリートが同じ条件で公平に競技できているという確信をもてるよう、国や競技を横断して、規程遵守を浸透させることであるとされています。

　ISCCSに基づき、WADAは、署名当事者がWADA規程および国際基準を遵守しているかを監視するために、WADAコンプライアンス・タスクフォースを設置し、署名当事者がWADA規程および国際基準に準拠した制度を実施しているかを評価することが規定されています。

　仮に、WADA規程や国際基準の不遵守が発見されれば、WADAは、当該署名当事者に対し、勧告を発し、当該勧告にもかかわらず、不遵守が是正されない場合は、違反の程度に応じて、制裁として、当該署名当事者に対する資格停止処分（そこに所属するアスリート等の競技大会への参加禁止）等が課され得ることになりました。

　以上のとおり、ロシアのドーピング不正を受け、現在、WADAの体制が大きく変わろうとしています。わが国でも、JADAや競技団体、アスリート、そしてサポートスタッフが協働して、コード・コンプライアンスを実践していくことを強く自覚する必要があります。

# 【巻末資料】規律パネル決定一覧

（2007〜2018年7月）

| 事件番号 | 競技名 | 制裁内容 | 問題となった違反理由（JADA規程：当時） | 検出物質 |
|---|---|---|---|---|
| 2007-001 | ボディビル | 競技成績の失効<br>資格停止2年 | 2.1 | ブメタニド |
| 2007-002 | チェス | 競技成績の失効<br>資格停止2年 | 2.1 | ヒドロクロロチアシド |
| 2007-003 | セーリング | 競技成績の失効<br>資格停止2年 | 2.1 | フィナステリド |
| 2007-004 | 綱引競技 | 競技成績の失効<br>資格停止3ヶ月 | 2.1 | メチルエフェドリン |
| 2007-005 | 障害者水泳 | 競技成績の失効<br>資格停止なし | 2.1 | ドルゾラミド |
| 2007-006 | ウエイトリフティング | 資格停止2年 | 2.1 | 1-メチレン-$3\alpha$-ヒドロキシ-$5\alpha$-アンドロスタン-17-オン |
| 2007-007 | 障害者アルペンスキー | 競技成績の失効<br>資格停止なし | 2.1 | ブリンゾラミド |
| 2008-001 | 陸上競技 | 競技成績の失効<br>資格停止3ヶ月 | 2.1 | プレドニゾロン<br>プレドニゾン<br>$20\beta$-ジヒドロプレドニゾン |
| 2008-002 | ボディビル | 競技成績の失効<br>資格停止2年 | 2.1 | $2\alpha$-メチル-$5\alpha$-アンドロスタン-$3\alpha$-オール-17-オン（ドロスタノロンの尿中代謝物） |
| 2008-003 | 相撲 | 競技成績の失効<br>資格停止3ヶ月 | 2.1 | カルボキシフィナステリド |
| 2008-004 | 自転車競技 | 競技成績の失効<br>資格停止1年 | 2.1 | サルブタモール |
| 2008-005 | ボディビル | 競技成績の失効<br>資格停止2年 | 2.1 | カルボキシフィナステリド<br>テストステロン<br>もしくはその前駆物質 |
| 2008-006 | フロアボール | 競技成績の失効<br>資格停止3ヶ月 | 2.1 | メチルエフェドリン |

| 事件番号 | 競技名 | 制裁内容 | 問題となった違反理由（JADA規程：当時） | 検出物質 |
|---|---|---|---|---|
| 2008-007 | ボールルームダンス | 競技成績の失効 資格停止3ヶ月 | 2.1 | メチルエフェドリン |
| 2008-008 | ボディビル | 競技成績の失効 資格停止2年 | 2.1 | ボルジオン β-アンドロスタ-1-エン-17β-オール-3-オン |
| 2008-009 | セーリング | 2009年禁止表国際基準において「フィナステリド」が禁止物質から除外されたため，資格停止期間の残存期間については、これを将来に向かって取り消す | | |
| 2008-010 | フェンシング | 競技成績の失効 資格停止3ヶ月 | 2.1 | メチルエフェドリン |
| 2008-011 | ラグビー | 競技成績の失効 資格停止3ヶ月 | 2.1 | カンナビノイド |
| 2009-001 | 相撲 | 競技成績の失効 資格停止2年 | 2.1 | メタンジエノン |
| 2009-002 | 障害者水泳 | 競技成績の失効 資格停止2年 | 2.1 | 絨毛制ゴナドトロピン |
| 2009-003 | ソフトボール | 競技成績の失効 資格停止3ヶ月 | 2.1 | プレドニゾロン、及びプレドニゾン |
| 2010-001 | 障害者水泳 | 競技成績の失効 資格停止3ヶ月 | 2.1 | ヒドロクロロチアシド |
| 2010-002 | パワーリフティング | 競技成績の失効 資格停止2年間 | 2.1 | 4-メチル-2ヘキサンアミン |
| 2010-003 | パワーリフティング | 競技成績の失効 資格停止2年間 | 2.1 | メテノロン 19-ノルアンドロステロン |
| 2010-004 | ソフトボール | 競技成績の失効 資格停止3ヶ月 | 2.1 | ヒドロクロロチアシド |
| 2010-005 | バスケットボール | 競技成績の失効 譴責処分 | 2.1 | イソメテプテン |
| 2011-001 | レスリング | 競技成績の失効 資格停止2年 | 2.1 | ドロスタノロン |

| 事件番号 | 競技名 | 制裁内容 | 問題となった違反理由（JADA規程：当時） | 検出物質 |
|---|---|---|---|---|
| 2011-002 | 自転車競技 | 競技成績の失効<br>資格停止6ヶ月 | 2.1 | メチルヘキサンアミン |
| 2011-003 | ウエイトリフティング | 競技成績の失効<br>資格停止2ヶ月 | 2.1 | ベタメタゾン |
| 2011-004 | ボディビル | 競技成績の失効<br>資格停止2年 | 2.1 | メチルヘキサンアミン |
| 2011-005 | 陸上競技 | 競技成績の失効<br>資格停止2ヶ月 | 2.1 | テルブタリン |
| 2011-006 | レスリング | 競技成績の失効<br>資格停止2年 | 2.1 | タモキシフェン |
| 2012-001 | ハンドボール | 資格停止3ヶ月 | 2.1 | クロミフェン |
| 2012-003 | ハンドボール | 競技成績の失効<br>資格停止3ヶ月 | 2.1 | メチルエフェドリン |
| 2012-004 | ボディビル | 競技成績の失効<br>資格停止2年 | 2.1 | フロセミド |
| 2012-005 | ボディビル | 競技成績の失効<br>資格停止2年 | 2.1 | 19-ノルアンドロステロン |
| 2012-006 | 体操競技 | 競技成績の失効<br>資格停止3ヶ月 | 2.1 | メチルエフェドリン |
| 2012-007 | ウエイトリフティング | 競技成績の失効<br>資格停止5年 | 2.1 | 19-ノルアンドロステロン<br>19-ノルエチオコラノロン |
| 2012-008 | 陸上競技 | 競技成績の失効<br>資格停止2年 | 2.1 | エリスロポエチン |
| 2012-009 | テコンドー | 競技成績の失効<br>資格停止2年 | 2.3 | |
| 2013-001 | ボディビル | 競技成績の失効<br>資格停止2年 | 2.1 | クレンブテロール<br>メチルヘキサンアミン |
| 2013-002 | ボディビル | 競技成績の失効<br>資格停止2年 | 2.1 | クレンブテロール |
| 2013-003 | フィギュアスケート | 資格停止3ヶ月 | 2.1 | フロセミド |

| 事件番号 | 競技名 | 制裁内容 | 問題となった違反理由（JADA規程：当時） | 検出物質 |
|---|---|---|---|---|
| 2013-004 | ボディビル | 競技成績の失効 資格停止2年 | 2.1 | 2α-メチル-5α-アンドロスタン-3α-オール-17-オン *2α-methyl-5α-androstan-3α-ol-17-one（ドロスタノロンの尿中代謝物） |
| 2013-005 | ボディビル | 競技成績の失効 資格停止2年 | 2.1 | クレンブテロール |
| 2013-006 | 障害者スキー／ノルディック・クロスカントリー | 競技成績の失効 資格停止3ヶ月 | 2.1 | メチルエフェドリン |
| 2014-001 | バレーボール | 競技成績の失効 資格停止3か月 | 2.1 | カンレノン |
| 2014-002 | パワーリフティング | 競技成績の失効 資格停止3か月 | 2.1 | メチルエフェドリン |
| 2014-005 | ボディビル | 競技成績の失効 資格停止2年 | 2.1 | メチルテストステロン |
| 2014-007 | ラグビーフットボール | 競技成績の失効 資格停止3か月 | 2.1 | ツロブテロール |
| 2014-008 | バレーボール | 競技成績の失効 資格停止2か月 | 2.1 | ツロブテロール |
| 2014-009 | 自転車競技 | 競技成績の失効 資格停止3か月 | 2.1 | ツロブテロール |
| 2015-001 | ソフトボール | 競技成績の失効 資格停止8ヶ月間 | 2.1 | オキシロフリン β-メチルフェネチルアミン |
| 2015-002 | パワーリフティング | 競技成績の失効 資格停止4年間 | 2.1 | ドロスタノロン |
| 2015-004 | ボディビル | 資格停止8年間 | 2.1 | デヒドロクロロメチルテストステロン |
| 2015-005 | 陸上競技 | 競技成績の失効 資格停止6ヶ月間 | 2.1 | メチルエフェドリン |
| 2015-006 | ボディビル | 資格停止4年間 | 2.4 | ― |

| 事件番号 | 競技名 | 制裁内容 | 問題となった違反理由（JADA規程：当時） | 検出物質 |
|---|---|---|---|---|
| 2015-007 | ボディビル | 競技成績の失効<br>資格停止2年間 | 2.1 | オキシロフリン |
| 2015-008 | パワーリフティング | 競技成績の失効<br>資格停止4年間 | 2.1 | メタンジエノン |
| 2015-009 | ボディビル | 競技成績の失効<br>資格停止2年間 | 2.1 | オキシロフリン |
| 2016-004 | ボディビル | 競技成績の失効<br>資格停止3年9ヶ月間 | 2.1 | ドロスタノロン<br>クレンブテロール |
| 2016-005 | ボディビル | 競技成績の失効<br>資格停止4年間 | 2.1 | メタンジエノン |
| 2016-006 | ボディビル | 競技成績の失効<br>資格停止4年間 | 2.1 | 1-テストステロン<br>1-アンドロステンジオン |
| 2016-007 | フットボール | 競技成績の失効<br>譴責のみ | 2.1 | メチルヘキサンアミン |
| 2016-008 | 自転車 | 競技成績の失効<br>資格停止4ヶ月間 | 2.1 | 1-テストステロン<br>1-アンドロステンジオン |
| 2017-001 | 水泳 | 競技成績の失効<br>資格停止7ヶ月間 | 2.1 | 1、3-ジメチルブチルアミン |
| 2017-002 | カヌー | 競技成績の失効 | 2.1 | メタンジエノン |
| 2017-003 | レスリング | 競技成績の失効<br>資格停止1年8ヶ月間 | 2.1 | クレンブテロール<br>メチルエフェドリン |
| 2017-004 | カヌー | 競技成績の失効<br>資格停止8年間 | 2.8 | ― |
| 2017-005 | 陸上 | 競技成績の失効<br>資格停止1年3ヶ月間 | 2.1 | メテノロン |
| 2017-006 | フェンシング | 競技成績の失効<br>資格停止1年3ヶ月間 | 2.1 | プレドニゾロン<br>プレドニゾン |
| 2018-001 | 自転車 | 競技成績の失効<br>資格停止4年間 | 2.1 | メタンジエノン<br>クロミフェン |

【著者紹介】
第一東京弁護士会 総合法律研究所 スポーツ法研究部会

〈編著者〉

合田雄治郎（合田綜合法律事務所）
飯田　研吾（兼子・岩松法律事務所）
椿原　　直（隼あすか法律事務所）
多賀　　啓（虎ノ門協同法律事務所）

〈執筆者〉（五十音順）

安藤　尚徳（東京フィールド法律事務所）
石原　遥平（弁護士法人淀屋橋・山上合同、㈱スペースマーケット出向中）
大橋　卓生（虎ノ門協同法律事務所）
岡本　健太（光和総合法律事務所）
川添　　丈（表参道総合法律事務所）
工藤　杏平（東京グリーン法律事務所）
栗木　　圭（KODAMA法律事務所）
斎藤　真弘（ファミリア法律事務所）
杉山　翔一（Field-R 法律事務所）
造力　宣彦（シリウス総合法律事務所）
宅見　　誠（弁護士法人アドバンス）
恒石　直和（表参道総合法律事務所）
冨田　英司（関口・冨田法律事務所）
中嶋　　翼（メトロポリタン法律事務所）
中山　　創（長谷川俊明法律事務所）
藤田　浩貴（長谷川俊明法律事務所）
保坂　将宏（新有楽町総合法律事務所）
山口　幹生（弁護士法人大江橋法律事務所東京事務所）
劉セビョク（のぞみ総合法律事務所）
渡邉健太郎（堀法律事務所）

| 平成 30 年 11 月 15 日　　初版発行 | 略称：アンチドーピング |

## Q&A でわかる　アンチ・ドーピングの基本

　　　　編　者　　ⒸＤ第一東京弁護士会 総合法律研究所
　　　　　　　　　スポーツ法研究部会

　　　　発行者　　中　島　治　久

　　　発行所　同文舘出版株式会社
　　　　　東京都千代田区神田神保町 1-41　〒 101-0051
　　　　　営業（03）3294-1801　　編集（03）3294-1803
　　　　　振替 00100-8-42935　　http://www.dobunkan.co.jp

Printed in Japan 2018　　　　　　DTP：マーリンクレイン
　　　　　　　　　　　　　　　　　印刷・製本：三美印刷
　　　　　　ISBN978-4-495-46581-0

[JCOPY]〈出版者著作権管理機構 委託出版物〉
本書の無断複製は著作権法上での例外を除き禁じられています。複製される場合は、そのつど事前に、出版者著作権管理機構（電話 03-3513-6969、FAX 03-3513-6979、e-mail: info@jcopy.or.jp）の許諾を得てください。

## 第一東京弁護士会 関連書籍

これだけは知っておきたい！
### 弁護士による宇宙ビジネスガイド
―New Space の潮流と変わりゆく法―

第一東京弁護士会 編
A5判　172頁
定価（本体 1,900 円＋税）

同文舘出版株式会社